AF536633

Ernst Wiechert
Der Wald

Ernst Wiechert

Der Wald

Roman

Lindenbaum Verlag

IMPRESSUM:
Ernst Wiechert, Der Wald
Lindenbaum Verlag GmbH, Beltheim-Schnellbach

Erstauflage im Jahr 1922 by Grote'sche Verlagsbuchhandlung.
Internetadresse: www.lindenbaum-verlag.de
E-Brief: lindenbaum-verlag@web.de
Druck: Eigendruck
Printed in Germany
ISBN: 978-3-938176-91-7

Inhaltsübersicht

Erstes Kapitel

Der Tod

Die Nacht war sturmbewegt und warm. Schwere, dunkle Wolkenmassen jagten mit zerrissenen Rändern über den Himmel, schleppten feuchte Gewänder hinter sich her und griffen mit gierigen, langgereckten Händen nach vorn, rafften einen Fetzen, der ihnen unter den Fingern zerrann, oder tasteten haltlos ins Leere, wie jagende Menschen, die den Tod hinter sich haben und das Grauen.

Auf der Chaussee glänzten die Wasserlachen fahl und kalt, wenn das Mondlicht hastig und gedämpft herniederfiel. Stand aber zwischen zwei Wolkenwänden die glänzende Scheibe für ein paar Atemzüge ruhig und strahlend in blauer Höhe, dann schimmerten wie ein Kirchenschiff Nähe und Ferne, die dampfende Frühlingsscholle, Wiesen und Gebüsch, bis zum hohen Walde am Ende der leuchtenden Welt.

Dann erschien jedesmal auf der Chaussee, als springe er aus der Nacht heraus, der unruhige, zuckende Schatten des Wanderers, der mit dem Sturm nach Norden schritt, den Hut in der Hand und den klingenden Stock in der Faust.

Und jedesmal war es, als risse ihn das Bild des rastlosen Schattens eiliger vorwärts, den Wolken nach, die ihn überjagten, und dem Sturme nach, der in dem ersten Grün der Birken wühlte. Der Schrei der Wildgänse flog ihm voraus, in die unruhige, brausende Nacht, die aufglänzte und versank wie unter dem Licht von Scheinwerfern.

Das schlafende Dorf erschien lebendig, von hastendem, heimlichem Treiben erfüllt. Über die feuchten Strohdächer lief es wie von ausbrechender Glut und verlosch, bis hier und dort ein First, ein schmaler Giebel aufflammte und plötzlich wieder wie in trüber Asche erstarb. Hinter den kleinen Fenstern zuckten Lichter auf wie hinter Vorhängen, verstohlen geöffnet und hastig zugezogen, irrten über die Wände und versanken wie über böser, heimlicher Tat, während der Wind wehklagend aufschrie und in jammervollen Tönen von Haus zu Haus lief, an Türen und Fenstern rüttelnd, als schreie jemand hilfesuchend an den dunklen Hütten vorbei, weiter und weiter, das ganze Dorf entlang, bis die Wolken sich über den Mond stürzten und nur ein dunkles, böses Flüstern sich in der Ferne verlor.

An der Straßenbiegung am Dorfteich verhielt der Wanderer zum ersten Male den Schritt. Über zwei hellen Fenstern erschien im Mondlicht eine schwarze Inschrift: „Gasthaus zum Redlichen Preußen! Restauration!“ Die Töne eines Grammophons klangen frech und aufreizend in das Brausen des Frühlingssturmes, und als sie verklungen waren, fiel ein johlender Chor ein, aus dem sich allmählich und in Bruchstücken die Worte lösten: „Licht aus! ... Messer raus! ... Schlagt den ... Zähne aus!“ Plötzlich, wie ein Spuk, versank alles, bis ein einziger wilder Schrei in die Nacht drang. Die Türe flog auf, schleuderte Licht und Lärm auf die Straße, und eine heisere Stimme brüllte in Haß und Wut: „Du Hund! Die Republik soll leben! Verstehst du, Hund?“

Eine Gestalt flog die Treppe hinunter bis auf die weiße Straße, schlug hart auf das Pflaster, raffte sich taumelnd auf, die Arme von sich gestreckt, und rannte, dem Sturm entgegen, in den Mondschein hinaus, während ihr riesiger Schatten, in der Mitte geknickt, an den Hauswänden hinauflief und unter dem First der Dächer gespenstisch hinter ihr herjagte.

„Allerhand? Wat?“, klang es auf der Treppe. Der Sturm riß einen Funkenwirbel aus den Zigaretten und warf die offnen Röcke der Soldaten auseinander. Ein brausendes Gelächter schloß die Kampfhandlung ab; unter den Klängen desselben Liedes schloß sich die Türe von neuem, und der „Redliche Preuße“ leuchtete wieder friedlich in die Nacht hinaus.

Der Wanderer aber schritt aus dem Schatten der Kastanien weiter nach Norden zu. Der Schrei der Wildgänse flog ihm voraus, und als jenseits des Dorfes die schwellende Erde sich wieder weit vor ihm dehnte, warf er keinen Blick mehr zurück. Nur den Stock stieß er auf die Steine, daß die Funken sprangen, und ein einziges Wort stieß er kurz und scharf durch die Zähne: „Bestie!“

Dann leuchtete er mit der Taschenlampe auf die Karte, die er aus der Tasche zog, suchte den Polarstern am zerklüfteten Himmel und bog dann mit einer scharfen Wendung auf den Landweg, der im rechten Winkel nach Westen führte. Land und Weg waren ihm fremd geworden. Gleichgültig sah er darüber hinweg, wie ein Soldat, der müde dem Führer folgt, aber die Karte blieb in der Tasche, und sein Fuß ging eilend und sicher, als sei er bei Sonnenaufgang denselben Weg geschritten.

Der Sturm ließ nach. Stern auf Stern erschien in der Höhe, die Wolken zerrissen und jagten nur wie dunkle Riesenmöwen fernen Meeren zu. Der Mond begann zu sinken, und unermüdet schritt der Wanderer über die weiche Frühlingserde, an Äckern und Wiesen vorbei, durch Busch und Gehölz, wo die Tropfen von den Ästen auf das vorjährige Laub fielen, langsam und feierlich wie von brennenden Lichten in schweigenden Domen.

Dann hob sich im Westen, näher und näher, die schwarze Masse des Hochwaldes unter das Licht der Sterne. Der Wanderer richtete sich auf. Frischer wurde sein müder Schritt, und seine Augen ließen nicht mehr ab von dem dunklen Tor, in das der ferne Weg mündete. Aber als er aus den letzten Birken heraustrat, die silberne Sterne in unaufhörlichem, seligem Rieseln über die dunkle Erde streuten, hielt er Schritt und Atem an und starrte auf das Feld zur Rechten des Weges. Da lag zwischen niedrigem Birkenanflug, Hochwald und Weg eine braune, ebene Heidefläche, und auf ihr schritt ein Mann hinter dem Pfluge her. Schon war die eine Hälfte in braune Scholle gewendet, über die das Mondlicht mit glänzenden Füßen wandelte. Und Furche um Furche legte das blitzende Eisen dazu. Wenn der Pflug heraufkam, schimmerte der Atem aus den Nüstern der Pferde, und schwarz und riesenhaft schleppte der Schatten sich hinter ihnen her. Dann blitzte die Pflugschar beim Wenden jäh und leuchtend auf, und in den Schatten hinein grub sich die neue Bahn.

Der Mann schritt langsam, aber unaufhaltsam, wie in einem Traume befangen, in dem Gott ihm zu pflügen befohlen hatte. Er ruhte nicht, wenn die Furche zu Ende war, er beugte sich nicht, um die Pflugschar zu reinigen, er blickte nicht rechts noch links, noch zu den Sternen empor. Und er sprach nicht zu den Pferden, nicht zum Pfluge, nicht zum Acker. Keine Krähe schritt hinter ihm her, kein Vogel sang. Nur das leise, feierliche Rauschen war in der Luft, mit dem die Schollen am Pfluge aufbrachen, sich wendeten und sanken, stärker werdend oder verklingend, wie der Pflüger seines Weges schritt. Aber der lautlose, rastlose Zug, der im Mondlicht hin- und wiederkehrte, wie von unsichtbaren, unterirdischen Mächten geleitet, hatte etwas Ängstigendes, Gespenstisches, als gehe etwas um auf der Heide, um versunkene Schuld zu büßen, einen gestohlenen Acker oder ein verschleudertes Erbe, und als werde beim Hahnenschrei das alles in die Erde versinken und die Heide wieder daliegen im grauen Frühnebel, mit ein paar frierenden Birken, um die ein später Waldkauz streicht.

Lange stand der Wanderer und sah auf das wandelnde Bild, das an der Schwelle der Heimat ihn seltsam ergriff. Dann, als der Mann den Pflug am Wege wendete, trat er aus dem Schatten der Birken und ging langsam auf ihn zu. Der Pflüger richtete sich auf, warf die Leine vom Halse und griff zu dem schweren Knüppel, den er in den Pflug gesteckt hatte. Dann stand er wartend. Der Mond schien ihm ins Gesicht. Es war alt, und Falten der Sorge und Arbeit machten es ernst und verschlossen. Jetzt zogen sich die Augenbrauen finster zusammen, und er sagte leise und drohend, als schlafe jemand am Wege, den er nicht wecken wolle: „Seid ihr schon wieder da, ihr Lumpen? Das ist mein Acker, verstehst du? Mein Acker! Leben und sterben darf ich auf meinem Acker! ... Leben und sterben!“, schrie er plötzlich. „Verstehst du?“

Der Wanderer hob beruhigend die Hand. „Was ist mit dir? Mein Weg führt hier vorbei. Jeder darf leben und sterben, wie es ihm gefällt. Aber weshalb pflügst du hier in der Nacht?“

Der Bauer sah ihn mißtrauisch an und an ihm vorbei auf die Birken, aus denen er herausgetreten war. Dann setzte er sich müde auf den Pflug und blickte über die braunen Schollen. Sein Rücken war gebeugt, und der gewebte Rock hing ihm lose um die Glieder. Er wischte langsam die Schweißtropfen von seiner Stirn. „Streik!“, sagte er endlich müde, fast gleichgültig.

„Streik?“ Der Wanderer streckte sich am Wegrande aus und stützte den Kopf in die Hand.

„Ja! Kennen Sie nicht Streik?“ Er hob ein Stück der feuchten, glänzenden Erde auf und zerbröckelte es langsam zwischen den Fingern. „Das ist so: Das Frühjahr ist da, und der Frost ist aus der Erde, und der Acker ist trocken. Dann ist Zeit zu pflügen. Dann machen Sie den Pflug zurecht und gehen aufs Feld. Und dann kommt einer, Ihr Nachbarssohn, den Sie noch kennen, als er so hoch war, oder ein Bengel aus der Stadt und sagt: ‚Halt! Gepflügt wird nicht!‘ Dann sagen Sie: ‚Weshalb wird nicht gepflügt? Es ist Zeit zu pflügen.‘ Dann sagt er: ‚Egal, gepflügt wird nicht! Und wenn du nicht aufhörst, hol’ ich die andern, und wir schneiden dir die Stränge durch und du kriegst mit dem Knüppel übern Kopf!‘ Das ist Streik ... Oder Sie haben Roggen gehauen, und der liebe Gott hat Sonne und Wind gegeben, und es ist Zeit einzufahren. Dann machen Sie den Wagen lang und wollen aufs Feld. Dann kommt Ihr Nachbarssohn und sagt: ‚Halt! Eingefahren wird nicht!‘ Dann sagen Sie: ‚Weshalb wird nicht eingefahren? Es kommt Regen, die Fliegen stechen. Und wenn der Roggen verfault, können wir kein Brot backen.‘ Dann sagt er: ‚Egal! Eingefahren wird nicht!‘ ‚Weshalb?‘, sagen Sie. ‚Weil wir die Dickbäuche runterkriegen wollen, die uns das Mark aus den Knochen saugen und in unsrem Schweiß sich entfalten und Champagner trinken. Und wer nicht mittut, der ist ein Verräter an der Sache des Pro ... Pro ...‘“

„Proletariats“, ergänzte der Wanderer ernst.

„Ja ... sind Sie vielleicht auch ...?“

„Nein, ich bin keiner, aber ich weiß, was er sagt.

Und deshalb pflügst du in der Nacht?"

„Ja, deshalb! Gestern früh war ich auf dem Feld. Der Hof liegt ein Stück ab, dies hab' ich mir nur zugekauft. Da kam mein Schwiegersohn. Er war Soldat. Und dann war er Rat, Soldatenrat. Der lungert jetzt bei mir rum. Vormittags schläft er. Und dann geht er los, die ganze Nacht. Er redet. Er muß die Fackel anzünden, sagt er. Denn die Leute sollen hier noch dumm sein. Der kam und sagte: ‚Gepflügt wird nicht! Im ganzen Kreise! Wir streiken!' Ich hielt ihm die Faust vors Gesicht. Da zog er das Messer und schnitt die Stränge durch. Heute war ich wieder auf dem Feld. Da kamen drei und brüllten, daß die Pferde scheu wurden und stießen mich vor die Brust ... Da bin ich nachts auf diesen Acker. Hier kommt keiner vorbei, und er ist wieder fort mit der Fackel..."

Er hob ein anderes Stück Erde auf, hielt es vor das Gesicht und zog den reinen, kühlen Geruch mit einem tiefen Atemzuge ein. „Und pflügen muß ich, Herr!", schrie er auf, und seine Hände zitterten. „Ich muß! ... Wie ... wie das Kind zur Mutter muß ... oder ... mein Acker, das ist alles, was ich hab', und laß' ich ihn verludern, dann streckt mein Vater die Hand aus dem Grab ... was der Mensch muß, das muß er ..." Und er zerbröckelte die Erde und streute sie vorsichtig, fast zärtlich vor sich hin. „Und es steht geschrieben", sagte er nach einer Weile leise und versonnen, „im Schweiße deines Angesichtes sollst du dein Brot essen ... im Schweiße deines Angesichtes! Und von Fackeln anzünden steht nichts in der Bibel, daß wir sie anzünden sollen."

„Ja, Samel, du hast ganz recht", sagte der Wanderer nachdenklich und sah dem Bauern ins Gesicht, ohne seine Stellung zu verändern. „Und auch der Alte bist du geblieben, bibelfest wie früher."

Der Bauer behielt die letzten Erdkrumen in den Händen und sah ihn an.

„Herr?"

„Du hattest eine Tochter, Samel, die Trude. Und der Wald da, der war verbotenes Land. Keiner durfte hinein. Er war wild und düster wie ein Urwald. Die Leute sagten, er sei verzaubert. Da lebte ein wilder Jäger drin, der hieß der alte Wittich, oder der Satan, oder einfach der Alte. Der ließ keinen Ast aus dem Walde tragen, keinen Pilz, keine Beere. Niemand sollte hinein, und wenn einer es wagte, was selten vorkam, denn es gab nicht Weg noch Steg in dem Walde, dann schoß er dem den Hut vom Kopf oder den Frauen durch die Töpfe, in die sie die Beeren lasen, und dann noch sechs, acht, zehn Schuß hinterher, und seine Wolfshunde heulten, als sei der Teufel aus der Hölle ausgebrochen.

Und der hatte ein Kind in seinem Walde, einen Jungen, der dem Alten nachschlug. Und einmal hatte die Trude Schlingen gestellt am Waldrand und ein junges Reh gefangen. Und vor dem stand sie und lachte, daß ihr die Tränen aus den Augen kamen. Denn das Kitz lag auf der Erde und röchelte in der Schlinge. Und wenn die Trude das Kleid auseinandernahm und auf das Reh zusprang, dann bäumte es sich auf und riß an dem Draht, und dabei kam ein seltsames Pfeifen aus seiner Kehle. Und darüber konnte die Trude sich halbtot lachen, sodaß sie sich immer wieder den Spaß machte. Dann stand mit einem Male der Junge hinter ihr und hatte eine starke Haselrute in der Hand. Und damit fing er an, auf sie loszuschlagen, mit aller Kraft, über Rücken und Kopf und Hals und Arme, und so peitschte er sie aus dem Walde hinaus, auf das Feld, wo du den Roggen mähtest, bis das Blut ihr vom Halse lief, und immer schrie er: ‚So lach‘ doch, Trude! So lach‘ doch!‘

Du nahmst sie in deinen Arm und rissest dem Jungen die Rute weg und hattest wohl Lust, ihn ebenso zu schlagen. Aber du dachtest wohl an den alten Wittich, oder vielleicht sahst du auch, daß dem Jungen die Tränen über das Gesicht strömten, denn du sagtest nur langsam: ‚Wer Menschenblut vergießt, des Blut soll wieder vergossen werden!‘ ‚Wer sagt das?‘, fragte der Junge. ‚Das steht in der Bibel!‘ Da schrie der Junge: ‚Ich pfeife auf deine Bibel! Wer ein Tier quält, der soll tausendmal gequält werden! Das steht in unsrer Bibel!‘ Und damit machte er kehrt und verschwand im Walde.

Das ist bald dreißig Jahre her, Samel." Noch immer hielt der Wanderer den Kopf in die Hand gestützt, und er erzählte langsam und eintönig, wie man Bilder beschreibt, die man so oft beschrieben hat, daß man die Worte nicht mehr zu suchen hat. „Und dann, vielleicht nach zehn Jahren, da hatten sie einmal den alten Wittich gefaßt, beinahe an derselben Stelle. Zwei hatten die Kugel bekommen, und einer schrie vor Schmerzen. Der letzte aber lag auf dem Alten und hatte das Messer in der Faust. Da kamst du, und sein Messer fuhr dir in die Hand. Es hatte wo anders hingewollt. Der Alte band ihm die Hände, du aber standest und sahst auf das Blut an deinen Fingern. Und bist wortlos fortgegangen. Der Junge aber war ein Student geworden und stand abends vor deinem Hof, bis du herauskamst. Da streichelte er dir die verbundene Hand und sagte: ‚Vergib mir, was ich von deiner Bibel gesagt habe!' Dann war er wieder fort ... Sie wurden gute Freunde, die beiden, nicht wahr, Samel?"

„Herr Hauptmann!", rief der Alte und wischte die Hände am Rock ab. „Herr Hauptmann!" Ein Lächeln schien sich in seinem Gesicht emporarbeiten zu wollen, aber die schmalen Lippen konnten nicht mehr, und als er mit der Hand übers Kinn fuhr, sah es aus, als wollte er helfen. Dann ließ er sich wieder auf den Pflug sinken und rieb die zitternden Finger gegeneinander, als wollte er die Erde von ihnen abwischen.

„Und jetzt bist du alt geworden, Samel."

Der Bauer sah ratlos und verloren über das Feld. „Wir haben keinen König mehr, Herr Hauptmann!"

Der Hauptmann sprang auf und reichte ihm die Hand. „Schon gut, Samel, ich weiß, der Hauptmann ist zu Ende. Sie haben auch da die Fackel angezündet, weißt du. Jetzt bin ich der junge Wittich, wie früher. Weniger als Bauer. Ohne Pferd und Pflug. Wenn der Onkel mir nicht den Wald schenkt. Und nun erzähle! Schnell! Ich muß zu ihm!"

„Wissen Sie noch nichts?"

„Ich bekam ein Telegramm, mitten im Straßenkampf, da hinten in

Deutschland. Der Alte tödlich verunglückt. Sofort kommen! Zwei Tage und zwei Nächte. Da bin ich. Sie wollten ihn erschießen, ja?"

„Man weiß nicht, Herr Hauptmann. Die Welt ist verrückt. Sie haben ihn gefunden, durch die Brust geschossen. Er lebt noch. Aber nicht lange mehr."

„Weiß man, wer?"

Der Alte sah zu Boden. „Nein, man weiß nicht, Herr Hauptmann."

„Wer ist bei ihm?"

„Die beiden jungen Fräuleins."

„Wer?"

„Die jungen Fräuleins ... die Nichten von ..." „So ... ja ... ich weiß! Kein Mann?"

„Der Isegrim."

„Der Isegrim!" Der Hauptmann lächelte, kindlich und träumerisch, einen Augenblick lang. Dann war sein Gesicht wieder grau, schmal und streng. „Leb' wohl, Samel! Ich muß fort. Ist der alte Weg noch da? Gut, ich finde schon. Zwanzig Jahre löschen nicht soviel aus ... nicht soviel wie jetzt eine Woche. Du hörst noch von mir. Pflüge weiter, und wenn sie kommen, schlag sie tot ... oder nein, laß sie leben ... alles egal, wie dein Schwiegersohn sagt ... auf Wiedersehen!"

Er stieß den Stock in die weiche Erde und schritt stolz und gerade dem Hochwald entgegen, der finster und gewaltig vor ihm aus der Erde stieg. Ein schmaler Weg, überdacht und verwachsen, führte in die schwarze, geschlossene Dickung. An seiner Mündung stand eine weiße Tafel, und auf ihr las der Hauptmann im letzten Mondlicht die Inschrift: „Der Wald! Erb- und Eigentum des eigenen Herrn Franziskus Wittich! Betreten bei Leib- und Lebensgefahr untersagt, verwehrt und verboten!" Darüber stand, mit blauer Kreide roh und unbeholfen geschrieben: „Du Aas!"

Eine Weile stand der Hauptmann mit finsterem Gesicht vor der Tafel. Dann wendete er sich kurz ab und schritt in den Wald hinein.

Finsternis stürzte sich über ihn und das zwischen Schweigen und verstohlenem Flüstern wechselnde Grauen tiefer, nächtlicher Wälder. Da kehrte er sich noch einmal zum Lichte zurück. Wie ein dunkles Gewölbe lief der Weg aus dem Walde, und draußen glänzte ein schmales Viereck, ein Stück der Straße, ein Streifen Heide und der Stamm einer jungen Birke, gleich dem schwanken Silberstengel einer Märchenblume. Die Sterne sah man nicht, aber Weg und Heide schimmerten wie das Antlitz eines armen Wanderers unter dem gütigen Blick einer reinen, hohen Frau. Und wie er darüber hinblickte, klang von da draußen her ein Ton zu ihm herein, eine Reihe von Tönen, zart und fragend in der Höhe beginnend und lauter und klagender zur Tiefe fallend, regelmäßig wie Wasser von Stein zu Stein über grünendes Moos, oder wie ein silberner Ball von Stufe zu Stufe, voll unsagbarer Schlichtheit, Wehmut und Süße; Töne, die eine unendliche Melodie zu beginnen schienen und die so ergreifend waren, weil sie inmitten der Melodie scheinbar plötzlich, zwecklos und hoffnungslos endeten.

„Was ist das? O, was ist das nur?“, flüsterte der Mann und drückte die Hände auf sein Herz, das sich in seltsamem Erschrecken zusammenziehen wollte. Und als das Lied sich wieder und wieder von der Erde hob, flog dasselbe kindliche, träumerische Lächeln von vorher über sein Gesicht. „Die Heidelerche!“, flüsterte er. „Die Heidelerche!“

Durch die Kronen schwang sich brausend ein letztes Sturmesseufzen, weithin über das nächtliche Land, und hinter ihm fielen ein paar müde Tropfen, mit seltsamer Eindringlichkeit, wie Worte, die nach ferner, versunkener Zeit fragten, nach Kindern, die nicht mehr lebten, nach Namen, die nicht mehr klangen, und das Lied der Heidelerche tönte wie eine versunkene Glocke aus stillen, dunklen Wassern empor.

Da wandte sich der Hauptmann wieder und schritt in den Wald hinein. Er ging nicht mehr gerade und stolz, sondern müde, mit gebeugten Schultern, wie ein alter, gebrochener Mann. Und das Lied flog hinter ihm her, das ihn als Kind ergriffen hatte und das er vergessen hatte in zwanzig einsamen und brausenden, wilden und tapferen Jahren, vergessen wie Mutter und Gott, wie Oheim und Wald. Seit

Jahren, in Krieg und Tod dahingerungen, sah er wachend und träumend nur in blutigen Bildern, in Schärfe und Haß. Und in den letzten Monaten hatte er grauenvoll gefühlt, wie er langsam, langsam zu Stein wurde.

Und nun sang die Heidelerche. Er wollte lächeln und konnte nicht. Er konnte auch nicht weinen. Er war tief erschrocken, so tief, wie Kinder erschrecken. Und nun ging er zu seinem sterbenden Oheim, der sein Vater gewesen war. Dann war er der Letzte des wilden Stammes. Er stolperte über Äste und Wurzeln. Feuchte Äste streiften über sein Gesicht, mit jungen, harzigen Blättern. Beklemmend und atemberaubend war ihr Duft. Er ging wie auf dem Boden des Meeres, über sich das Rauschen der Wellen, die Tag und Sonne kannten. Seit hundert Jahren war keine Axt an die Stämme gekommen. Es wuchs durcheinander und brach übereinander, wild, gespenstisch, urhaft. Der Blitz zerspellte die Föhren, der Sturm zerschmetterte die Einsamen, die Dickung wurde wie ein Grab. Aber die ewiggrünen Wipfel badeten in Sonnenschein und Mondenglanz, die Goldkäfer spielten schimmernd um ihre schwellenden Kuppeln, und in ihre rauschende Flut warf der Adler sich jähen Fluges zum Horste.

Die Sterne verblaßten, und die schmale, dunkle Himmelsstraße erbleichte über dem Hauptmann. Auf einer feuchten Lichtung brauten die Nebel, und schwarze, riesig scheinende Gestalten zogen langsam und wesenlos in die Dickung. Er stand eine Weile auf der Plankenbrücke über dem schwarzen, leise ziehenden Fließ. Es roch nach Ried und feuchter, dunkler Kühle. Ein Reiher hob sich langsam und schwer aus dem flüsternden Rohr, als trage er das brütende, finstere Schweigen der Nacht auf breiten Flügeln in ein anderes Land. Heiser schrie es den Fluß entlang, unwirklich, als sei die Erde tot.

Und dann erwachte der Wald. Ein graues Licht fiel auf den Weg, und blaffe Streifen schossen hoch und kühl über die Wipfel. Ein Uhu rief hinterm Moor, dumpf und hohl, als versinke mit diesem Ruf die weite Nacht in einem tiefen, bodenlosen Strudel, und aufrauschend schließe sich der Wald über ihm.

Und dann trat der Hauptmann in eine Schonung, die er nicht kannte. Sie reichte ihm bis zur Brust, und die jungen Triebe standen als tausend Kerzen in den Morgenhimmel, der von fernem Feuer erglänzte. Ein Habicht schwang sich von einer trocknen Kiefer ab, und als er seinem Fluge folgte, sah er auf der Höhe das graue Haus mit dem dunklen, tiefen Dach. Die Fenster glühten im Morgenrot, nur aus einem blickte ein blasser, ängstlicher Schein. Noch einmal wendete sich der Hauptmann in die Runde und starrte wie ratlos fragend zu der ersten Drossel hinauf, die von der Spitze der jungen Tanne ihre silbernen Töne herniederwarf. Dann schritt er schnell zu dem Hause empor.

Als er aus der Buchenhecke trat, stand eine Mädchengestalt in der Vorlaube über der Treppe, schmal und blaß, ein goldnes Kreuz über der Brust, einer Nonne gleich. Die überschweren schwarzen Zöpfe zogen das Haupt in den Nacken, sodaß das Antlitz sich gegen das Frührot hob, das hinter dem Walde aufstieg und das die herben, schmalen Züge mit einem zarten, roten Schimmer überzog. Langsam und feierlich breitete sie die Arme aus und kreuzte sie dann über der Brust. So stand sie unbeweglich, nur ihre Lippen flüsterten unhörbare Worte.

Bis der Hauptmann vor ihr stand. „Du bist Wera, die Heilige?“, fragte er leise und sah ihr prüfend und eindringlich in die Augen. „Ich sehe dich, wie du als Kind in den Wald kamst, schmal und blaß, mit den schweren Zöpfen. Aus dem russischen Kloster. Deine Mutter war eben gestorben. Schon damals sagte ich, du lernest Heiligwerden, und lachte über dein goldnes Kreuzlein ... ich war ein böser Mensch, nicht wahr?“ Er lächelte wieder, halb gutmütig und, in alter Gewohnheit, halb bitter und spöttisch.

Sie legte langsam und fast ohne Berührung ihre Hand in die seine, die er ihr entgegenhielt, und ließ den Blick ihrer Augen lange, aber fremd wie aus der Tiefe des Waldes auf ihm ruhen, dieser seltsamen grauen Augen, die wie ein Schleier vor ihrer Seele hingen, durchsichtig, aber geheimnisvoll und verhüllend. Nur ihre Augenbrauen zuckten leise, und langsam entstand eine schwere, leidvolle Falte zwischen ihnen.

Der Hauptmann fröstelte plötzlich in der herben Morgenluft. „Lebt er noch?“, fragte er leise.

Sie neigte das Haupt und wies schweigend auf die Türe.

Er trat in den niedrigen Flur. Ein leises Wehegefühl zog ihm das Herz zusammen. Es duftete nach Harz und jungen Blättern, und hinten in der Dämmerung, unter dem riesigen Hirschgeweih, stand er selbst, das Kind, und sah sich mit stummer Frage entgegen. Wie durch einen Nebel sah er an der Türe zur Linken eine zweite Mädchengestalt, kleiner und weicher in den Linien als Wera. Sie hatte das Gesicht zur Wand gekehrt, die Augen auf ihre Hände gedrückt, und er sah an ihren Schultern, daß sie weinte.

„Elslein“, sagte er und strich ihr übers Haar. Sie hob das Gesicht. Ihre Kinderaugen öffneten sich weit in Erschrecken und jäher Freude, dann lag sie laut aufweinend an seiner Brust, daß sein graues Gesicht wie in einer Goldflut lag.

„Kommt!“, sagte Wera und öffnete geräuschlos die Tür.

Die Lampe brannte nicht mehr. Die Vorhänge waren zurückgezogen, die Fenster geöffnet, und die Flügel der Morgenröte schwangen im rötlichen Raum. Wie in der letzten Minute vor dem Tode glitt, scharf und unheimlich schnell, Bild auf Bild an ihm vorüber: das feine, zarte Moos zwischen den dunklen, rohen Balkenwänden; die schweren Schränke, die Unzahl von Geweihen und Gehörnen, die Gewehre und Hirschfänger; sein Kinderlager aus Moos und Decken, frisch und sauber, als warte es auf ihn; der riesige, graue Kopf des Isegrim mit dem einen, furchterregenden Auge, das weit geöffnet auf ihn starrte; und endlich das schmale, harte Lager an der Wand und auf ihm der Oheim, angekleidet, mit geöffnetem Rock. Von dem gewaltigen Haupt in seiner Todesblässe ging ein eisiges, alles beherrschendes Schweigen aus. Über den eingefallenen Schläfen mit den blauen Adern stieg die riesige Stirn wie aus kantigem Marmor empor. Der Mund war zu einer scharfen Linie von unsäglicher Bitterkeit zusammengepreßt. Die Augen hielt er geschlossen.

Ratlos und fragend, wie vorher im Walde, starrte der Hauptmann auf den Sterbenden. Es war ihm, als trage ihn ein grau rinnender Strom tiefer und tiefer in alte, dunkle Wälder hinein, und unbewußt, wie im Traum, rief er heiter, in der Sprache seiner Kindheit: „Horrido, Franziskus!“

Elsabe lachte auf, leise, hell, selbstvergessen, bis das Lachen mitten im Ton jäh zerbrach.

Der Alte öffnete langsam die Augen, die sich entschleierten, bis sie leuchteten. Dann sagte er leise, aber scharf und deutlich: „Horrido, verlorner Sohn! War gut von dir! Nicht alles vergessen ... zur letzten Hatz gekommen ... Halali blasen ... gib dem Isegrim die Hand ... und komm her!“

Der Isegrim stand auf wie ein Kobold aus dem Moorwald, mit gekrümmten Beinen und kurzem Körper, riesenbreit in den Schultern, mit einem gewaltigen Schädel, wild und eisgrau verwachsen, aus dem das stechende, wilde Auge leuchtete. Beide Hände legte der junge Wittich auf sein Haar, und wieder lächelte er kindlich und traumverloren, als er zart und gütig sagte: „Isegrim! Alter!“

Der Isegrim schlug sich die Faust gegen die Brust und schüttelte wild den Kopf. „Nichts da, Hauptmann!“, sagte er heiser. „Jäger sind hart. Zum Teufel die Welt! Aber ... aber ...“ Seine Stimme brach. „Daß du da bist, Hauptmann! Daß du da bist ...“ Und er fuhr ihm mit der riesigen Faust streichelnd über die Wange, scheu, ungeschickt, herzbewegend. Dann stampfte er mit dem Fuß und sah auf den Alten, hilflos wie ein Tier. „Jäger sind hart ... nichts da, Hauptmann!“

Der Sterbende winkte. „Hinsetzen! Keine Zeit. Zuhören!“

Sie richteten ihm das Haupt auf. Es sah aus, als würde dieser Mann niemals sterben können. Er sprach leise, aber so, als könnte er jeden Augenblick mit furchtbarer Stimme losbrechen. Es war lautlos still. Er sah den Hauptmann an, Zug um Zug, als sei er Gott dafür Rechenschaft schuldig. Dann begann er zu sprechen: „Noch die Achselstücke, Henner?“

Henner legte den Mantel ab.

„Gut! Gut!“, sagte er milder. „Orden ... Ehre gemacht ... selbstverständlich ... Blut geflossen?“

Henner nickte finster. Der Alte lächelte zwischen Spott und Grausamkeit. „Noch mein Kind? Katechismus?“

Der andere nickte wieder.

„Gott?“

„Im Walde.“

„Seligkeit?“

„Im Walde.“

„Treu?“

„Der Hund.“

„Sicher?“

„Die Büchse.“

„Ewig?“

„Der Haß.“

Der Alte atmete auf, tief, befreit. Ein kleiner, hellroter Blutstropfen trat auf seine Lippen. Elsabe streckte die gefalteten Hände gegen ihn aus. Man sah, wie ihre Finger sich ineinander krampften. Tränen strömten aus ihren Augen. „Nicht so!“, flüsterte sie schluchzend. „O nicht so fortgehen, Onkel!“ Er lächelte, gütig, mild, einen Augenblick lang. „Vöglein . . . kleines“, sagte er zärtlich. „Zu jung ... Wera fragen ...“

Wera stand hoch aufgerichtet, regungslos, und sah ins Morgenrot. Ihr Gesicht war wie erstorben. Dann trat sie zu ihm, nahm seinen Kopf zwischen beide Hände und sah ihm mit brennendem Blick in die Augen. „So wie du möchte ich einmal sterben!“, sagte sie.

„Der Haß!“, flüsterte er lächelnd und schloß die Augen.

„Der Haß!“, wiederholte dumpf der Isegrim.

Henner fröstelte. Elsabe weinte, fassungslos, verzweifelt, mit wehen Kinderlauten, die ins Herz schnitten.

„Henner!“, sagte der Alte befehlend. „Weiß nicht, wer geschossen hat ... vielleicht ... Isegrim fragen ... Keine Kugel für ihn ... aufhängen, dicht über der Erde ... Fuchs und Wildschwein herankönnen ... nicht abschneiden ... Wald gehört dir ... Wera Vermächtnis ... verkaufst du einen Stamm, Fluch über dich ... nicht berühren ... keinen hineinlassen ... keinen ... keinen ... die Mädels . . . sorgen . . . hüten ... Elsabe vor dem Leben ... Wera vor dem Sterben ... am See einscharren ... offner Sarg ... ohne Deckel ... verstanden? Zehn Büchsenschüsse über mich ... Halali blasen ... Isegrim ... fertig ...“

Die Vorhänge rauschten. Ein greller Falkenschrei zerriß das Schweigen. Der Sterbende sah fremd und fragend umher. „Wera ... Zeit ...“ Ihre Brauen zuckten. Dann öffnete sie die Tür im Hintergrunde und ließ sie offen. Franziskus öffnete weit die Augen. Seine Hände wurden unruhig.

Henners Herz begann schwer und schmerzhaft zu schlagen. Da hinten stand ein Klavier, und ein voller, starker, aufbrausender Akkord erklang, lange, qualvoll lange ausgehalten. Und dann sang Wera. Nicht zitternd, mühsam, schluchzend, sondern voll, stark, dunkel, wie alte Glocken, mit einem leisen, kaum wahrnehmbaren Beben, wie edles Erz: „O Täler weit, o Höhen!“

Der Isegrim preßte die Hände gegen die Augen und stöhnte. Der Sterbende lag regungslos und blickte ernst und drohend in die Ferne.

Als es zu Ende war, richtete er sich auf, mit einer wilden, machtvollen Bewegung. „Isegrim!“, rief er laut.

Der Einäugige stand am Lager. Sein Gesicht erschien verzerrt. Er warf die Decken zurück und hob Franziskus wie ein Spielzeug auf seine Arme. „Tür auf, Hauptmann!“, sagte er befehlend. Dann trug er seine Last vor das Haus, in die Vorlaube, wo der große Lehnstuhl stand. Hier ließ er den Sterbenden nieder. Unter dem Rock sah man den geröteten Verband. Elsabe kniete nieder und drückte die Lippen auf seine Hand.

Die Wälder brannten. Über den Osthimmel floß es wie glühender Stahl, mit blauen, flimmernden Bändern. Tausende von Kerzen leuchteten über der Schonung. Hart und düster schritt Gott über den Wald. Dann brach eine Spalte auf im schwarzen Geäst, und wie durch zerreißende, zähe Schlacke schoß ein glühender, flammender Strahl hoch und weit in den Himmel hinaus. Die Vögel schwiegen. Ein zweiter Strahl brach lautlos und großartig in die verblichenen Sterne hinein. Dann schien es, als breche die Wand der Wipfel entzwei, zerrissen von glühendem Erz, und flammenschleudernd stieg die Sonne über die erschauernde Welt.

„Der Wald!", flüsterte der Sterbende.

Zwei Schwäne stiegen aus der Sonne empor. Ihre Leiber flammten in Weiß und glühendem Rot. Brausend und klingend pflügte sich ihre Bahn in den Himmel hinein, hoch über dem Hause hin.

„Isegrim!"

Er faßte zu. Aufgereckt, riesig, stolz stand Franziskus vor dem Stuhle, die Hände geballt, die Augen starr und weit in die Ferne gerichtet. „Der Wald!", schrie er mit wildem Jubelruf. Dann brach ein Blutstrahl aus seinem Munde, und der Isegrim barg das erloschene Gesicht an seiner breiten Brust.

Hoch über dem Hause hin verklang der Flügelschlag der Schwäne.

Am Abend, als sie den Arzt über den See gefahren hatten, gruben sie das Grab, und der Isegrim schlug den Sarg zusammen. Rechts und links des Hauses stürzte das Ufer fast senkrecht zum See hinunter, und scharf sprang eine schmale Landzunge in das Wasser hinaus. Eine riesige Schirmtanne klammerte die eisernen Wurzeln zu beiden Seiten bis in die Flut hinein.

In ihrem Schatten legten sie ihn in die Erde. Jenseits des Sees stieg die Sonne düster hinter die Wälder. Elsabe kniete am Grabe und sprach flüsternd das Vaterunser, von Schluchzen lange unterbrochen. Die andern standen mit trocknen Augen daneben. Dann streuten sie Erde auf sein Gesicht, langsam und behutsam, und dann nahmen sie die Spaten zur Hand.

Als der Hügel fertig war, trat Henner zu den Frauen. „Geht jetzt!“, sagte er ernst. Sie gehorchten. Wera legte leise den Arm um ihre Schwester, streichelte den Kopf, der an ihre Schulter sank, und führte sie zum Hause zurück.

Dann nahmen Henner und Isegrim die Büchsen. Die Feuerstrahlen kreuzten sich, und bei jedem Schusse zuckte der Hauptmann jäh zusammen. Er lächelte böse und selbstverachtend.

Nachher, während der Isegrim den kahlen Hügel mit kleinen Zweigen besteckte, lehnte er sich gegen die Tanne. Die Augen wollten ihm zufallen vor Erschöpfung.

„Geh jetzt, Hauptmann!“, sagte der Alte mit heiserer Stimme. Er nickte und ging, fast taumelnd, zum Hause.

Die Dämmerung sank. Hinterm Moor rief der Uhu. Der Isegrim stand zu Häupten des Toten, den grauen, wirren Kopf an die Rinde der Tanne gelegt. Ein fernes, leises Beben schien durch den Stamm zu rieseln, als stiegen die Säfte des Frühlings langsam zur Krone auf. Er blickte hinauf in das dunkle Geäst, verwirrt und hilflos. Alles war stumm und düster. Dann nahm er das Hifthorn in die unsicheren Hände. Er setzte es an und ließ es wieder sinken. „Helft!“, stöhnte er. „Helft ... Dann riß er es zum Munde empor und blies, schmetternd und wild, über das Grab hin. Aber, mitten darin, gab es plötzlich einen klagenden, schneidenden, jammervollen Ton, jäh und ersterbend in die Tiefe sinkend.

Er schrie auf und brach am Grabe zusammen, das Gesicht in die Hände drückend. Dann schlug er die Faust gegen seine Brust. „Hund!“, jammerte er. „Gehorchen ... Hund ...!“

Und dann sprang er auf und schlug die Faust gegen den Stamm, daß die Borke stob, packte das Hifthorn mit beiden Fäusten und blies das Halali mit wilder Gewalt über das Grab hin, wie eine Posaune des Jüngsten Gerichts. Sanft, mildernd, verklärend lief das Echo die dunklen Ufer entlang.

Der Isegrim aber nahm die Büchse und schritt trotzig und wild in die Finsternis des schwarzen, drohenden Waldes hinein.

Zweites Kapitel

Der Atem der Erde

„Henner! ... Henner!“

Alles war still. Elsabe schlug mit den Fäusten gegen die Tür. „Henner!“, schrie sie.

Da schleuderte er die Decken von sich und war mit beiden Füßen auf den Dielen. „Was ist?“, rief er verstört. „Alarm?“

Sie lachte hell auf, und wieder brach das Lachen jäh ab wie im Sterbezimmer. „Ich bin es, Elsabe. Der Isegrim ist nicht heimgekommen.“

„Nicht heim ... wie lange habe ich geschlafen?“

„Eine Nacht, einen Tag und noch eine Nacht ... armer Henner!“

„Wie ein Kriegsfreiwilliger ... Eselei ... ich komme.“

Die Mädchen saßen im Sterbezimmer, als er herunterkam. „Verzeiht!“, sagte er mit finsterem Gesicht und reichte ihnen die Hand. „Großartig eingeführt! War ich nicht zu erwecken?“

Elsabe streichelte seine Hand. „Mach’ nicht so ein Gesicht, Henner!“, bat sie hilflos. „Die letzten Wochen waren doch wohl hart genug für dich.“

„Hart? Es hat nichts härter zu sein als der Wille.“

Sie trat schüchtern zurück. „Der Isegrim ist nicht da“, sagte sie mutlos.

„Ich ... mir ist alles fremd geworden ... wo kann er sein?“ Er blickte abwesend auf Wera, die sich über den Tisch beugte und zu lesen schien.

„Wenn er sich ein Leid antut? Mein Gott ... mein Gott!“ Die Tränen traten ihr wieder in die Augen.

„Torheit! Weine nicht, Elslein! Der Isegrim ein Feigling!“

Wera drehte sich langsam um. Ihre Augen blickten fremd, mit leiser Abneigung in die seinen. „Komm her!“, sagte sie ruhig.

Er trat an den Tisch. Eine große Karte lag aufgeschlagen vor ihm, unregelmäßige Felder mit wechselnden Farben, von einem Netz feiner Linien durchzogen, mit Höhenlinien und unverständlichen Zeichen.

„Hier ist das Haus“, sagte sie. „Geh diesen Pfad bis zu dieser Höhe! Oben steht eine alte Douglastanne. Von ihr geh hundert Schritt genau nach Norden! Da ist eine Lichtung mit einer Jagdhütte. Dort wirst du ihn finden.“

Er sah auf ihre blasse Hand, die einen seltsamen Ring trug, von grünlich schimmerndem Golde und einem runenhaften Zeichen auf ovalem Felde. Die Haut war matt und durchsichtig wie nach schwerer Krankheit, und die zarten, blauen Adern schienen nicht unter ihr, sondern in ihr zu verlaufen. Ein fremdartiger Hauch ging von ihrem Körper aus, kühl und erdhaft wie junges Birkenlaub im Regen.

„Weißt du den Weg?“, fragte sie, ohne aufzublicken.

Er sah wortlos in ihr Gesicht, dicht neben dem seinigen. Es war herb und schmal, mit einer leisen, bekümmernden Fremdheit, wie bei edlen Tieren in langer Gefangenschaft. Sie sah auf, und nun blickte er in ihre Augen, die grau und tief wie hinter unwirklichen Schleiern standen, bebend und leise ersterbend wie bei den Augen des Falken im Todeskampfe.

Die tiefe Falte grub sich zwischen ihre Augenbrauen, und ihre Mundwinkel bewegten sich, mühsam beherrscht.

„Jawohl“, sagte er schroff.

Elsabe hing sich glücklich in Weras Arm. Ihre Augen lachten schon wieder, ohne Arg und Schüchternheit, wie Kinder, die noch im Paradiese sind. „Er wird ihn wiederbringen. Wera: Er kann alles, was er will.“

Ihre Gläubigkeit bedrückte ihn nicht. Jetzt sah er auf die beiden Schwestern, Kinder zweier Mütter, und ihre Unähnlichkeit verstimmte ihn, weil das Blut seines Geschlechts schwächer und farbloser zu fließen schien. Und wieder war es ihm, als ließe es sich leichter so leben, wie auf fremder Erde, frei von Erinnerung und Bekanntheit.

Wera fuhr ihrer Schwester über das Haar, einmal nur und wie selbstvergessen, aber ihre Hand schien über verblühende Blumen zu gleiten, so sanft und voll wehmütiger Zärtlichkeit.

„Schwesterlein! O sei doch froh, mein Schwesterlein!", bat Elsabe und küßte die liebkosende Hand.

„Froh sein ...", sagte Wera, als wiederhole sie fragend ein halb verstandenes Wort. „Ja ... froh sein – Dann ging sie mit leisem Nicken aus dem Zimmer, wie aus einer Gesellschaft von Kindern, in der sie als ein Kind eine Weile gespielt hatte, und nun rufe die Mutter zum Abendgebet.

Dann nahm Henner die Büchse und ging in den Wald.

Der Pfad war eine enge Gasse und bot Platz für einen Mann zum ungehinderten Schreiten. Hainbuchendickicht stand wie ein wirrer Drahtverhau zu beiden Seiten, und dicht über dem Haupte verflochten sich die Zweige. Die Himbeere wucherte zäh und dornig zum Licht hinauf, und Sonnenflecken zitterten scheu und heimlich über das junge Grün wie auf einer fremden Erde. Über dem niedrigen Dach mußte sich ein hohes, düsteres wölben, denn mächtiges Wurzelwerk lief über den Pfad. Grau und unbeweglich standen überall riesige Pfeiler im Dickicht, und hoch oben, unsichtbar, webte ein fernes, gedämpftes Brausen in schweren, schwellenden Wogen weithin über das Land.

Mit verschlossenem, grübelndem Gesicht ging Henner achtlos seinen Pfad. Sein Kopf war wirr und müde, und die Rätsel des neuen Lebens bedrückten ihn. Er hatte so totentief geschlafen, daß er noch immer die Schüsse über dem Grab hörte. Daran schloß sich unmittelbar, ohne Übergang, der heutige Tag.

Der Wald erbitterte ihn. Er ging wie in einem Kerker, tief unter der Erde. Und als das Dickicht wich und der hohe Wald sich öffnete und weitete, sah er ihn nicht, weil er schon wieder in einem finsteren, engen Gang sich mühte, der tief und dumpf in die Vergangenheit hinabstieg.

Bis das Lied eines Vogels ihn weckte. Es weckte ihn durch seine Seltsamkeit, mit der es dem Pfeifen eines Menschen ähnelte und durch die fast unnatürliche Wiederholung derselben Tonreihen. Er blickte auf. Der Pfad machte einen rechten Winkel, und mitten im leuchtenden, bergabfließenden Birkenwald wuchs der Stamm der Douglastanne wie der Turm über einem Kirchendach hoch hinauf in die sonnenflimmernde Höhe, wie zu Gottes Füßen empor.

Henner sah nach der Sonne und drängte sich in die grüne, duftende Flut, aus der in leuchtendem Weiß die schlanken Stämme stiegen. Des Vogels Lied führte ihn.

Aber jetzt waren es zwei Vögel, deutlich unterschieden in ihren Tönen. Das leise, unsichtbare Grauen einsamer Wälder stieg aus dem Boden empor und hemmte seinen Schritt. Und jetzt, jetzt stieg aus der Tiefe der Erinnerung ein Bild vor seine Seele, unwirklich und verfließend: Fackeln, Uniformen und flackernder Glanz, und eine bekannte, wie im Traum gehörte Stimme. Er hielt den Atem an, und nun hörte er sie: „Helm ab zum Gebet!“ Mit einem ungläubigen, ratlosen Lächeln hörte er sie, und dann wußte er, was es war: „Ich bete an die Macht der Liebe, die sich in Jesu offenbart.“ Zwei Vögel pfiffen diese Melodie, oder nicht zwei Vögel. Er drängte sich durch einen dunklen Fichtenhorst und bog die Zweige leise auseinander.

Er sah eine schmale Lichtung mit moosigem Grund, dahinter wieder einen Fichtenhorst, und vor ihm saß der Isegrim. Der verblichene, farblose Rock fiel ihm bis auf die Kniee, um den Leib von einem breiten Gürtel umschlungen. Die Füße waren in graues Tuch gewickelt, über das von den Ledersohlen die gekreuzten Bänder liefen. Der graue, wilde Kopf war gesenkt. Die Augen standen dicht zusammen über der scharf gebogenen Nase, dunkel und finster das lebende und schreckhaft unter einer roten Narbe das erloschene, wild und beängstigend wie ein verfallener Brunnen. Das Haar auf seinem Scheitel war immer leise gesträubt wie die kleinen, dreieckigen Federn auf einem Adlerhaupt.

Wie der Geist des Waldes kauerte er vor dem dunklen Horst, und auf seinem Gesicht lag stärker ausgeprägt als sonst die leise, tote Dumpfheit verschleppter, eingekerkerter Tiere, gleich nahe der Zahmheit wie dem Haß.

Er beugte sich tief aufseufzend über den Star, den er in seiner Hand hielt. „Narre du", sagte er traurig. „Hör' mir doch zu!" Und er pfiff leise, fast zärtlich die Melodie, die erste Silbe des Wortes „Jesu" mit besonderem Nachdruck betonend.

Der Star neigte den schimmernden Kopf und lauschte regungslos. Dann richtete er sich auf und pfiff die Töne nach, rein und geläufig. Der Isegrim saß mit vorgebeugtem Kopf und starrte auf den Vogel, bis er bei dem „Jesu" zusammenzuckte. Der Vogel pfiff die erste Silbe einen halben Ton zu hoch, mit einer schmerzlichen, peinigenden Sicherheit, als sei er von der Großartigkeit seines Liedes überzeugt.

Henner fiel es jetzt ein, daß er die ganze Zeit über diesen falschen, quälenden Ton gehört hatte. Der Isegrim setzte den Vogel in den Käfig und stützte dann den Kopf brütend in die Hände.

„Für wen quälst du dich so, Isegrim?", fragte Henner und trat auf die Lichtung.

Der Alte hob den Kopf. „Für Elsabe", sagte er müde.

„Für Elsabe?"

Er nickte. „Ist selbst ein scheues Vöglein unter unsrer Wildheit. Hat einen Gott über dem Walde und einen, den sie Jesus heißt. Ist die Liebe, wie sie sagt. Zu ihm singt sie, wenn wir ferne sind. Hört keiner zu, singt keiner mit. Hab' mir gedacht, ihr Herz wird leicht, wenn der Vogel pfeift, unter aller Wildheit ... Wird das Elslein jetzt traurig sein im dunklen Haus und am Grab sitzen überm See. Möcht' der Isegrim kommen und sagen: ‚Hier hast du, Vöglein für dein krankes Herz. Ist für dich, der kleine Narre da.' Wird nun nichts und hab' ihn schon ein halbes Jahr ... und immer Jesu ist falsch, immer Jesu ..."

Er versank wieder in Grübeln, und Henner schwieg, betroffen und verwirrt. Dann legte er sich neben ihm ins Moos, verschränkte die Hände unterm Kopf und starrte zu den Wipfeln empor. Eine weiße, runde Wolke zog selig und rein durch die blaue Höhe, ohne Mühe und Beschwer, auf Gottes Straßen, wie silberne Engelsfüße zur wartenden Heimat. Die Welt war weit, verdämmert im Abendrot, wie eine Insel auf dunkelnder Flut. Hier war nur der Wald, zeitlos, fremd, mit Tieren, die scheu durch das Dickicht streiften, deren Fährte im Moose sich verlor und die nachts aus dunklen, ziehenden Wassern tranken.

„Ich soll dich holen, Isegrim. Sie ängstigen sich um dich."

Der Alte schüttelte den Kopf. „Wera nicht. Weiß, wo ich bin. Weiß, was der Wald ist."

„Erzähle mir von ihr!"

„Später. Erst das Testament ... Hast den Wald vergessen, Hauptmann!"

„Vielleicht ... erzähle!"

„Er hat es gewollt ... er steht hinter uns."

„Wer?"

„Der Herr!"

„Unsinn!"

„Hauptmann!"

„Schon gut, Isegrim. Sei nicht bös! Jeder hat seinen Glauben."

„Im Wald ist nur ein Glaube ... du bist der Letzte, Hauptmann. Das Geschlecht stirbt aus, wie der Steinadler. Der erste, von dem der Herr sprach, hat Blut vergossen. Du auch ... alle vergießen Blut ... War eine wilde Öde hier, wo du liegst. Wochenlang der Wald und das Moor. Der Auerochs brüllte, und der Bär schlief im Dickicht. Liegen Pfeile unterm Moos, noch heut, und rostige Klingen, und Steinäxte, älter als sie. Aber der Wald war älter.

Saßen die Kreuzritter im Land, als der erste Wittich seine Hütte baute, in Urwald und Dickung, hart am Feind. Drei Brüder mit ihm.

Sie hüteten die Mark. Nahmen fremde Weiber, die drei, fremdes Blut, von Feindes Geschlecht. Finster sah der Älteste zu. Belauschte ihre Wechsel ... Fremdes Wild kam ins Gehege, von der Weiber Sippe. Flüsterten und besprachen, brachten Pferd und blanke Münzen. Und oft gingen die Brüder zur Burg hinterm See ... Verrat war am Werk! Bis der Älteste wußte ... Nahm die Armbrust und sechs Bolzen ... Am Abend war's getan. Die Brüder durchs Herz, die fremde Brut durch die Kehle ... So erzählt der Herr.

Dann ging er zum Meister auf die Burg. ‚Herr, ich stehe unter deinem Gericht. Nun richte!' Sie sprachen Gericht. ‚Du warst treu dem Eid, und dafür segnen wir dich. Du freveltest gegen dein Blut, und dafür fluchen wir dir. Schreite ab die Wildnis von deiner Hütte: eine Wegstunde nach Mittag und Mitternacht und eine Wegstunde nach Aufgang und Untergang! Das ist dein, erb- und eigentümlich. Kein Mann soll den Fuß setzen dürfen in diesen Kreis, kein Kreuzmantel wird durch ihn wehen. Da sollst du leben und sterben, und nur der Heiland soll bei dir sein in deiner Todesnot...' Das ist der Wald. Hörst du, Hauptmann?"

„Ich höre."

„Das war der erste. Dann kamen die andern. Ring nach Ring, wie beim Eichbaum. Jagten und ließen wachsen. Hatten ihren Gott für sich und ihren Teufel für sich. Wenn das Blut stieg in ihnen wie der Saft im Baum, brachen sie aus, durch den Wald in die Welt. Trugen Helm und Schwert und stiegen über manches Grab. Hatten aber jähes Blut und eiserne Faust, daß die Welt sie ausstieß. Kamen zurück, finster und hart, und brachten ein Weib mit, das ihnen den Erben gebar und verwelkte wie das Blümlein im dunklen Tann. War nicht gut, ihnen vor die Büchse zu kommen oder unters Waidmesser. Starben aufrecht und gut, wie der Herr ... aber der Fluch war über ihnen wie der Habicht über der Hühnerkette ..."

„Und Franziskus?"

Der Alte schwieg und starrte ins Moos, durch das die Ameisen zogen, eilig und unermüdlich, wie ruhelose Wanderer, von der Heimat fort, nach fremden, unleserlichen Gesetzen. „Ich war ein Kind, Hauptmann. Weiß nicht, wo und von wem. Immer schlugen sie mich daheim, irgendwo hier am Walde, Tag und Nacht ... ich weiß nichts mehr ... Lief dann klagend fort und saß hier im Walde, im Moos verborgen, zwischen Fichtenwurzeln. Und horchte, wie der Wald rauscht. Die Rehe kamen und sahen auf mich, die Vöglein pfiffen an meinem Ohr. Tat mir niemand was zuleide. Kühl und tief war der Wald, und gut, immer gut ...

Stand einmal ein blonder Knabe vor mir und stieß mich mit dem Fuß an. ‚Was machst du hier?‘ War ein verwunschener Prinz nach meinem Glauben. Faltete ich die Hände und flüsterte: ‚Der Wald rauscht!‘ ‚Was du hier machst?‘‚Zürne nicht! Der Wald rauscht. Und Tiere und Vögel sind mir gut.‘ Lachte er und nahm mich mit, zum grauen Haus am See. War der Herr Franziskus ...“

Das graue Haupt sank immer tiefer. Seine Worte glitten müde, eintönig in das Schweigen hinunter, wie Tropfen im dämmernden Geäst, wenn die Nebel spinnen um den grauen, weinenden Wald.

„Bin bei ihm geblieben, ohne Namen und Heimat. Hat mich den Isegrim genannt, weil ich wie ein Wölflein gekauert am Fichtenstamm. Waren zusammen, wenn die Kraniche kamen und wieder nach Süden flogen übern Wald. Wenn der Rothirsch fegte in der heimlichen Dickung und der Wolf die hungrige Fährte zog durch das Stangenholz. Wenn die Vöglein sangen überm linden Wald und wenn der wilde Jäger über die Wipfel blies, in wilder Nacht ... Lagen zusammen im dunklen Tann, die Sterne über uns, und hatte wieder Namen und Heimat, der Isegrim ... War eine gute Zeit, ist lange her ...

Dann war der Herr in der Welt, weit und lange, auf hohen Schulen, im fremden Land. Und kam wieder mit einem Weib, gar süß und schön, wie Nachtschatten im dunklen Moos. Wurde ein lautes Leben im grauen Haus, Gäste und Gesang, und ich ging in den Wald zu schlafen ... bis der Herr mich suchte, die Büchse in der Faust, finster und alt. ‚Isegrim, du hütest den Wald, wenn ich draußen bleibe eine Weile?‘ ‚Sei ohne Sorge, Herr, ich bin der Knecht ...‘ Und dann peitschte er das Weib aus dem Hause, und das Blut tropfte von ihrem weißen Rücken ins Moos ... Viel hat der Wald gesehen, Hauptmann! ... Der andre bekam die Kugel ... Sie brachten mich vor Gericht, Zeugnis abzulegen. Ich schwieg. Zwei Jahre Gefängnis gaben sie dem Herrn. Ich schrie sie an: ‚Und ich?' ‚Du kannst gehen!' Nahm ich meine Mütze, spie hinein und warf sie ihnen ins Gesicht. Als ich rang mit ihnen, rief der Herr, laut, scharf, wie der Falke vom Geäst: ‚Isegrim, wer hütet den Wald?' Ließ ich mich ruhig binden und saß eine Weile hinter dem Gitter. Hab' gewußt, wie dem Tier ums Herz ist ... Dann hab' ich den Wald gehütet, bis er kam ...

Dann starb der zweite Bruder und du kamst, Hauptmann. Wurden wir beide wieder jung, bis du auf die Schulen gingst. Kamst noch einmal wieder als Student und hattest den Wald vergessen. Last in Büchern und zerschnittest die Tierlein, die du fingst ... Dann nahmst du Helm und Schwert wie die andern, und wir warteten auf dich. Der letzte Bruder war gestorben, und die Mädchen waren im Haus. War wieder Lachen und Gesang, aber der Herr dachte an dich ... brach der Sturm über den See und riß am Tor, fuhr er auf: ‚Isegrim, der wilde Jäger reitet ... aber er kommt nicht ...' ‚Er kommt, Herr!' ... Aber du kamst nicht. Der Krieg kam ...

An der Douglastanne saßen wir, wenn deine Briefe da waren und sahen über den Wald. ‚Wenn er nicht zurückkommt, Isegrim?' ‚Er kommt, Herr! Der Wald zieht ihn zurück. Hier wird sein Grab sein' ... Sind viele Gräber hier, Hauptmann, und die Leute sagen, der Wald ist verflucht. Ist nicht wahr. Lebt aber ein Zauber in ihm, alt, sehr alt ... läßt uns nicht los ... webt uns im Blut ... bis wir stille sind ... ganz stille ..."

Henner hatte die Augen geschlossen. Der Wald rauschte, und ein Schwarzspecht schrie, fern hinter der Lichtung, lang und klagend.

Der Vogel rückte im Käfig auf und ab, bedrückt vom Schweigen. Er blickte mit klugen, blanken Augen auf den Isegrim, hob den Kopf und flötete leise und schüchtern die fromme Melodie. Und wieder war der falsche Ton in seinem Lied.

„Stille, du Narre!“, sagte der Isegrim, in Gedanken verloren.

Der Vogel schwieg.

„Und der Mörder, Isegrim?“

„Morgen, Hauptmann! Ich führe dich, wo ich ihn fand.“

Die Sonne stieg höher. Harzduft floß aus der Höhe auf die Lichtung nieder. Ein gelber Schmetterling gaukelte um die grauen Stämme, wiegte sich auf einem Birkenblatt und verwehte hinter den grünen Schleiern.

„Erzähle mir von Wera, Isegrim!“

Der Alte stand auf, mit verschlossenem Gesicht. „Frag' Elsabe, Hauptmann! Meine Hände sind hart. Sie ist wie das Reh, das einmal in der Schlinge war, scheu und heimlich, mit traurigen Augen ... jetzt geh' ich heim, Hauptmann. Sie warten auf mich.“

„Ja, geh!“, sagte Henner müde. „Laß mich hier, ich will die Nacht hier bleiben. Wo ist die Hütte?“

„Hinter dir im Dickicht. Hat alles, was du brauchst.“

„Morgen bei Sonnenaufgang sei bei mir! Wir wollen durch den Wald gehen ... ich hab' viel vergessen.“

Der Isegrim nickte ihm zu, nahm die Büchse und verschwand unter den Birken. Es fiel wie ein Vorhang über ihm nieder, und leise rauschend sanken die Falten ins Schweigen zurück.

Henner starrte in die Wipfel empor, die leise schwankten. Stamm und Wurzeln banden sie an die starre Erde und nahmen ihnen Freiheit und Willkür der Bewegung. Es war ihm wie ein sinnvolles Zeichen. Leise Unruhe bewegte sein Herz. Die Worte klangen in ihm nach, und sein freies, weites, starkes Leben war leise gebunden durch sie, an einen Stamm, der ins Dunkel der Zeiten hinabstieg und mit harten Wurzeln tief im Einstmals stand. Das Blut war nicht sein eigen, das in ihm sang, das Herz war das Herz eines Geschlechtes, und fremde Wellen glitten im Strom seines Daseins dahin.

Das Kind stand wieder vor ihm, fremd und vertraut, und mit Spott und Wehmut sah er auf die Erscheinung, bis sie verblaßte. Dann stand der Student da, mit dem leuchtenden Seziermesser in der Hand. Es schnitt ... es schnitt einen Namen in die Rinde ... seine Gedanken verwirrten sich ... „Wera“ stand in der Rinde der Fichte ... Harztropfen perlten darüber hin ... nein, es war nicht Wera ... der andre Name, schwer, voller Leid und Gram und haßvollem, enttäuschtem Schmerz ... der schuld daran war, daß er alles hingeworfen und zerschlagen hatte ... Helm und Schwert hatte er genommen ... so sagte der Isegrim ... das Wölflein unter der Fichtenwurzel ... er selbst war ja ein Wolf, finster und hart im Dienst, gefürchtet von Untergebenen und Vorgesetzten ... die jähe Wildheit, mit der er die Welt zwischen die Hände nahm ... die Trude schrie auf, und er schlug und schlug ... er seufzte tief, in wirre Träume versinkend.

„Visier 400! ... Schützenfeuer!“ Die Erde flog in schwarzen Säulen hoch, und böse gellend schrie ein Tier in roten Flammen auf. Eine graue Menschenkette sprang drüben vor und kam heran. „Lebhafter feuern!“ Sie brach auseinander, wurde dünner, langsamer, vertröpfelte im Sande. Nur einer stand, aufrecht, riesig, in goldner Rüstung ... Er schrie vor Wut, nahm selbst ein Gewehr und schoß. Der andre stand und sah in die Sonne und wuchs, größer, größer, bis in den Himmel empor. Fahl, schwer und traurig lag die zerwühlte Erde um ihn. Er sah die Leichen seiner Leute, mit den grauen, starren Gesichtern. Nur einer lebte noch, neben ihm. Er hatte die Hände gefaltet und betete: ‚Lieber Gott, mach‘ mich fromm, daß ich in den Himmel komm’!‘ Sein Kinn zitterte, von Entsetzen bewegt.

„Wie dumm!“, sagte der Hauptmann laut. „Schieß! Schieß aus den Mansfelder!“ Der andre weinte und hob die Hände. „Schieß!“, schrie der Hauptmann und hob die Pistole. „Herr Hauptmann ... wer Menschenblut vergießt ... Der Schuß krachte. Er sah die kleine, dunkle Öffnung neben der Nasenwurzel, mit den grauen, feinen Rändern und die brechenden Augen, die wie in sich selbst zusammensanken. Die riesige Gestalt in goldner Rüstung lachte drohend und böse auf: „Die Disziplin ist der Grundpfeiler der Armee!“ ...

Die Sonne versank. Ein fahles, trauriges Licht floß mit quälender Schwermut über das zerfetzte Land. Er starrte noch immer auf die goldne Gestalt, bis sie in der Dämmerung versank. Ein einziger Strahl schoß noch von ihr hinaus, wurde glänzender und feuriger und fiel im Bogen vor ihm nieder, wie eine Signalrakete. Er öffnete die Hülle und faltete einen Zettel auseinander. Es war nur eine Zeichnung. Er hielt sie dicht vor die Augen und sah ein viereckiges Feld mit einem seltsamen Zeichen darin. „Das ist Wera", sagte er. Er stand auf und ging in den Abend hinein. Sie rief ihn, und er mußte zu ihr.

Die Kampfgräben waren wirr und endlos. Überall lagen die Toten. Er ging im Kreise und fand keinen Ausweg. Der kalte Schweiß trat ihm auf die Stirn. „Wo ist Gott?", rief er voller Angst. „Im Walde!", rief es übers Feld. „Im Walde! Im Walde!" Die Stimmen schwollen an, näher und ferner, als Stimmen der Toten. Am Horizont sah er den Wald. Er sprang aus den Gräben und lief und lief, schwer, langsam, qualvoll. Der Mond ging auf, blutigrot hinter Fichtenwipfeln. Zwei Augen funkelten aus dem Dickicht. Er stand still, gelähmt von kaltem Entsetzen. Ein grauer Wolf kauerte am Waldrande und blickte ihn an, erhob sich lautlos und verschwand im Dunkel. Die Zweige schlugen zusammen, und alles war totenstill ...

Langsam trat er in den Wald. Das Mondlicht rieselte an den Stämmen herunter. Ein Weib beugte sich über ein Reh, das in der Schlinge hing, und lachte, lautlos und erschreckend. Er nahm die Reitpeitsche von seinem Koppel und trat leise hinter sie. Der Schlag pfiff hernieder, und mit ihm fiel das Kleid des Weibes bis zum Gürtel. Ein feiner, roter Strich lief über den weißen Rücken, und Blutstropfen fielen ins Moos. Die Trude drehte sich langsam um, in wilder, atembeklemmender Schönheit. Sie lachte, daß ihr Haar sich bewegte, ganz lautlos. „Wer Menschenblut vergießt, der soll die Brust des Weibes küssen", sagte sie flüsternd. In der Schlinge hing Wera, mit weißem, leidverzerrtem Gesicht. Er löste die Schlinge mit zitternden Händen, und sie verschwand im Walde. Er hörte ihren keuchenden, schmerzvollen Atem. Die Trude lachte ...

Sein Divisionskommandeur stand neben ihr mit seinem Adjutanten. „Was tun Sie hier, Herr Hauptmann?", fragte er streng. „Die Schlacht ist verloren ..." Henner hob die Hand an den Helm: „Melde gehorsamst Bataillon Wittich mit zehn Offizieren, sechsundzwanzig Unteroffizieren und dreihundertsechzig Toten ... es lebe Seine Majestät!" Die Trude lachte. „So lache doch, Hauptmann!", flüsterte sie. „So lachc doch!" Er hob die Peitsche, und alles war fort ...

Er stand allein im Walde und weinte. In der Ferne pfiff ein Vogel: „Ich bete an die Macht der Liebe!" Weinend schritt er zwischen die Stämme hinein. Sie bildeten einen schmalen Gang, der tiefer und tiefer wie in einen Stollen führte. Aber der Wald stand immer neben ihm. Am Ende des Ganges lief der Wolf und drehte sich nach ihm um. Meilen um Meilen ging er weiter, mit wunden, blutenden Füßen. Der Vogel sang noch immer ... Und dann war alles still ...

Er stand in einem tiefen, engen Tal, und in der Mitte saß Wera vor einem kleinen Brunnen, der tief in die Erde führte. Sie hielt die Schlinge in ihren blassen Händen und nickte ihm traurig zu. Er sank in das Moos und sah, daß das Blut aus seinen Kleidern drang. „Meine Wunden!", sagte er erschöpft. Sie nickte. „Laß fließen, Hauptmann, laß fließen! Hier ist der Wald, blicke hinunter!" Er beugte sich über die Quelle und sah auf dem Grunde eine viereckige Goldscheibe mit einem seltsamen Zeichen, in dünnen Linien eingeritzt. „Was ist das?" „Mein Brief." „Weshalb hast du geschrieben?" Sie lächelte und beugte sich vor. „Ich liebe dich!" Er streckte die Arme nach ihr aus, aber sie entglitt ihm, zerfloß im Mondlicht wie glänzender Nebel. „Wera!", schrie er angstvoll ... Die Bäume über dem Tal neigten sich, tiefer und tiefer, und brachen lautlos über ihm zusammen. Äste schlugen auf ihn nieder, drückten ihn auf den Boden und erstickten ihn. Er wand sich stöhnend hindurch, immer mehr brach hernieder. „Wera!", schrie er noch einmal. Seine Fäuste schlugen gegen die Bäume, die sich über ihn legten; in Todesnot schlug sein Herz, schwer, in dumpfem Schmerz ... er erwachte.

Eine Weile lag er regungslos, zitternd vor Erschöpfung. Die Sonne stand schon tief, schräge Goldschnüre liefen durch den Wald. Er stand auf und reckte sich. Seine Blicke blieben noch in den Tannenwipfeln hängen, aus denen die roten Zapfen leuchteten. Dann machte er eine harte Bewegung mit der Hand. „Blödsinn!", sagte er abschließend.

Er schlug die Fichtenzweige auseinander und stand vor der Tür der Hütte. Auf dem Moosdach wuchsen kleine Tannen, Hopfen wucherte um die Wände. Man konnte auf Armeslänge vorüber, ohne sie zu sehen. Innen waren zwei Lager von trocknem Laub, Decken und eine notdürftige Einrichtung, auch ein kleiner Herd. Er hing den Vogelkäfig an einen Holzpflock, steckte trocknes Brot in die Tasche und ging zur Douglastanne zurück.

Im Abendgold lag der Wald gen Süden. Die Wipfel flossen ineinander, schweigend und regungslos, wie erstarrte Felsen, über die rötliche Fluten glitten. Nirgends war eine Blöße, nirgends stieg ein Rauch auf. Nur in der Ferne glänzte als glühendes Band das Wasser der Seen. Ein Gabelweih fiel mit angezogenen Schwingen langsam, gleichmäßig, gerade, von draußen her in die Wipfel hinein. Ferne schlossen sich die Tore der Welt. Das letzte Tier war daheim. Noch einmal schauerten die Wipfel, vom Wächterruf an den Grenzen des Waldes.

Schweigend sah Henner über die Welt hinaus. Das Herz wurde ihm langsam wieder weit. „Mein eigen!", sagte er laut und fest und griff in die Zweige der Tanne. „Mein eigen!", sagte er nach einer Weile noch einmal flüsternd und ließ die Hände streichelnd, langsam über die blauen Nadeln herniedergleiten.

Dann kam Elsabe. Er sah sie von weitem und faltete die Brauen. Sie ging mit ihren schnellen, kurzen Schritten, weich und wehend wie eine junge Birke im Wind. Sie lächelte im Schreiten, zärtlich fast, als höre sie ein Liebeswort. Sie sah ihn erst, als sie vor der Tanne stand und schrie leise auf.

„Weshalb kommst du noch?", fragte er ernst.

„Du hast doch nichts zu essen,“ sagte sie schüchtern, mit leisem Erröten, und reichte ihm das Körbchen hin. „Ich gehe ja gleich“, setzte sie fast flüsternd hinzu.

„Höre, klein Elslein!“ Er lächelte bitter und sah an ihr vorbei. „Niemand hat in diesen Jahren den Hauptmann geliebt. Gehaßt, ja, gefürchtet, auch ge achtet, aber nicht geliebt. Du mußt nicht ängstlich sein, auch nicht empfindlich ... Ich liebe niemand, auch euch nicht. Vielleicht bin ich euch gut ... Mit Menschen muß man spielen ... oder lächeln ... oder sie hassen ... Aber dich hasse ich nicht ... Komm, setz’ dich noch zu mir! Du bist mir fremd wie eine Kirche, und waren doch ehemals ein paar Monate ganz gute Kameraden, weißt du noch?“

Sie nickte, erschreckt von der Härte der Worte.

„Liebst du die Frauen nicht?“, fragte sie nach einer Weile zaghaft.

Er lachte laut auf, ohne Bitterkeit. „Du kleines Vöglein, liebst du die Männer?“

Sie wurde dunkelrot. „Ich ... ich kenne sie nicht ... ich kenne nur dich.“

„Und mich liebst du, ja? Wie alt bist du, Elslein?“

„Zwanzig Jahre.“

„Zwanzig Jahre ...“ Er lehnte sich an den Stamm und sah mit verdunkeltem Blick über die Wipfel hinaus. „Zwanzig Jahre ... so jung ... und Wera?“

„Wera ist sieben Jahre älter.“ Sie legte ihren Kopf an seine Schulter und streichelte seine Hand. „Du ... Henner?“

„Ja?“

„Du mußt mir versprechen, daß du gut und sanft zu Wera bist, ja? Mich kannst du schelten und schlecht behandeln. Aber die Schwester ... die Schwester nimm in acht, ja?“

„Was ist mit ihr?“, fragte er langsam.

„Ich weiß nicht, Henner. Keiner weiß es. Sie war als Kind schon so anders, eine Heilige ... Und jetzt ... ich denke, sie glaubt nicht mehr ... an Gott! Sie war verlobt...“

Er fuhr auf und sah sie drohend an. „Verlobt?“, sagte er finster. Dann ließ er sich wieder zurücksinken und fragte noch einmal gleichgültig: „So? Verlobt?“

„Ja, vor dem Kriege schon. Er war Amtsrichter in der Stadt hinter dem See. Dann war er dreimal zum Urlaub, und das letztemal, da war es ...“

„Was?“

„Wera war bei Samel, und als sie zurückkam, war sie so wie jetzt. Sie kam herein wie ... wie eine sterbende Königin, und der Isegrim stand auf, als er sie sah. Wir saßen alle in Onkels Stube. Das Herz stand uns still. Sie blieb neben der Tür stehen. ‚Franziskus!‘, sagte sie laut. ‚Was ist dir, Wera?‘, fragte der Onkel. ‚Franziskus, schicke diesen Menschen aus deinem Hause!‘ Sie zeigte mit den Augen auf ihren Verlobten. Ich fing an zu weinen. Der Onkel stand auf. ‚Schicke ihn aus dem Hause, sonst werde ich den Isegrim bitten, ihn hinauszuschaffen.‘ Der Isegrim streckte die Hand nach seiner Büchse aus, die an der Wand hing. Da hob er die Hände auf. ‚Wera, was ist dir?‘ Sie sah an ihm vorbei, als spreche sie zum Onkel. ‚Ich war bei Samel. Hier ist, was du verloren hast!‘ Sie schleuderte etwas Blitzendes auf den Tisch. Es war ein russisches Heiligenbild an einem silbernen Kettchen, das sie ihrem Verlobten geschenkt hatte.“

„Die Trude!“, dachte der Hauptmann.

„Er ging, und alles war aus. Ich habe nie erfahren, was dort gewesen ist, nur etwas Schreckliches muß es gewesen sein ...“

Sie schwieg. Henner sah mit gefalteten Brauen in den fallenden Abend, als denke er ernst, fast schmerzlich nach. Dann lächelte er, spöttisch, fast grausam, nur einen Augenblick lang. „Sei ruhig, Elslein!“, sagte er sanft. „Ich will gut zu ihr sein, auch zu dir, zu euch allen.“

Sie schmiegte sich an ihn. „Du sollst unser Bruder sein, Henner.“

Er blickte lächelnd auf sie nieder wie auf ein plauderndes, etwas törichtes, aber liebes Kind. Sie hatte noch immer die zarten Sommersprossen auf den Wangen und den hilflosen Kindermund mit dem feinen Flaum auf der Oberlippe. Der süße Dust junger, weicher Früchte lag um sie, fremd wie seine Kinderzeit, und an dem vorgeglittenen Saum des schwarzen Kleides sah er rein und weiß den Ansatz der jungen Brust.

Langsam schob er sie von sich und stand auf. „Es bleibt dabei, Elsabe", sagte er freundlich. „Und nun geh heim, ich will allein sein."

Sie stand gehorsam auf und zögerte dann unschlüssig.

„Fürchtest du dich?"

Sie lächelte tapfer. „Der Wald ist so groß ... aber ... es ist ja noch hell ..."

„Du darfst dich nicht fürchten, Kind!", sagte er ernst. „Der Wald ist mein, und niemand wird dir ein Haar krümmen."

So selbstverständlich klang, was er sagte, daß sie ihm die Hand gab und mit fröhlichem Nicken den Pfad hinunterschritt. Der Wald schloß sich lautlos hinter ihr, wie die Tür in einem Dome, und nur Gottes Atem blieb zurück.

Der Hauptmann legte die Hände um den kühlen Stahl seines Büchsenlaufes und sah gedankenverloren auf die runde, dunkle Öffnung hinunter. „Die Kugel geht ihren Weg", dachte er vor sich hin. „Nicht rechts noch links, und Weg und Ziel sind unverrückbar wie von Ewigkeit ... Und wir müssen immer taumeln und irren?" Er schüttelte den Kopf. „Was gehen sie dich an? ... Brauchst du ein Weib, so nimm es dir ... und jag' es fort ... Lieben ist wie Sterben ... Zwang der Natur, widerwillig, verhaßt ... der Falk ist frei ... nichts da, Hauptmann! Jäger sind hart!"

Er atmete frei und suchte noch einmal mit den Augen das Licht, ehe das Gebüsch ihn verbarg. Schon rannen die Wipfel ineinander. Ein Reiher schwankte mit schwerem, taumelndem Flügelschlage in das verglühende Abendrot, und Nebel stieg über die Kronen, wie Dampf von Altären, deren Priester lange gestorben waren.

Langsam begrub ihn der dunkelnde Wald.

In der Nacht stieg Gewölk auf. Schwer und niedrig hing es über die Wipfel, schob sich ineinander und bedeckte den Wald. Um Mitternacht begann es zu regnen. Henner lag in der Hütte, schlaflos, mit geschlossenen Augen. Das Fenster war geöffnet, und der Geruch der Erde drang in schweren Wellen zu ihm herein. Die Tropfen klangen weich und eintönig auf dem Rohrdach und auf der Lichtung, wurden schneller, zahlreicher, bis ein warmes, großes, alles erfüllendes Rauschen zwischen Himmel und Erde war. „So muß das Glück sein", dachte Henner und lauschte hinaus. Er war ohne Unruhe und Bitterkeit. Draußen sprach die Erde, voll unendlicher Ruhe. Mit einer großen, weiten Gebärde hatte sie Menschenwort und Menschenwerk fortgewiesen. Der Regen fiel, der Saft stieg in den Bäumen, und die Knospen sprangen. Nichts geschah, was nicht alle Nächte geschieht, und doch durchschauerte es den einsam Wachenden. Worte, Gedanken, Erinnerungen: Alles schien ihm schal, nichtig, wesenlos. Sein eignes Leben, das nach Kraft, Ruhm und Größe rang, floh zurück wie ein Traum. Er suchte nach einem Wort, das sein Wesen aussprechen könnte, ihn einfügen in das große, warme Rauschen. Wenn er anders gewesen war als die Menschen um ihn, härter, jäher, stolzer, so war ihm deswegen nie die leiseste Unruhe im Herzen gewesen. Sie waren Menschen wie er, schwächer und verächtlicher, wie er glaubte, gleichgültig für ihn, nichtig fast, aber nicht fremd wie etwa der Mensch unter Tieren. Und so abseits er stand, doch hielt er die Fäden in der Faust, die zu den andern liefen, und er konnte sie anziehen mit jähem Ruck, durch Liebe oder Haß. Ihn hatte nur nie verlangt danach.

Hier aber war die Fremdheit, Erde, Wald und ewiges Rauschen. Das Wort verhallte wie an einer Erzwand, die Blicke glitten ab, und Liebe und Haß war ein töricht tönender Klang. Zuerst erbitterte es, wie in dem dunklen Hainbuchenpfad. Dann kam das ernste, fast feierliche Staunen vor den verglühenden Wipfeln. Und nun kam wieder etwas anderes, schwerer und zwingender noch. Wer hätte es gewagt, in der versunkenen Welt über ihn hinwegzusehen, hinwegzusprechen, hinwegzuleben? Ja, wenn er es litt, aber nicht anders. Er reckte sich im Sattel auf und rief drohend: „Hier bin ich!“ Und alles mußte herum um ihn oder hindurch durch ihn, aber nicht über ihn hinweg, ohne ihm einen Blick zu schenken.

Und das war die Unruhe, mehr gefühlt als bewußt: Die Wipfel rauschten über ihn fort, die Wolken zogen an ihm vorüber, der Regen rauschte an ihm vorbei. Ihnen allen war er ein Fremdes, herangespült von der Flut der Welt, ein unbekanntes Ding, leer, dunkel, sinnlos. Das Tier verstand ihre Sprache, und Liebe wie Tod verflocht sich mit dem Atem der Wälder. Nicht aber er. Er faßte in die Zweige der Tanne, er legte das Ohr an die kühle Rinde, er zerdrückte die feuchte Erde zwischen seinen Fingern. Und die Zweige rauschten zurück, schwankten auf und nieder, rührten an andere Zweige und hingen wieder regungslos, abweisend, fremd. Wie Wera, ähnlich so; auch sie hatte etwas Waldhaftes, aber doch, sie war ein Mensch! Sie haßte vielleicht oder liebte, man konnte sie in die Arme reißen, ihr liebkosend ein leises Wort zuflüstern oder sie peinigen in finsterem Hohn. Sie schwieg vielleicht, aber sie verstand. Ihr Auge glühte auf, oder die Adern an den Schläfen klopften, oder die Falte stand zwischen ihren Brauen. Und wenn sie ging, dann blieb ein leises Band, in Liebe oder Haß, unzerreißbar, solange eines von ihnen lebte.

Der Wald rauschte, hoch und fern. Sein Herz war weit geöffnet, wie tags dem Sonnenlicht, und warm und schwer fiel das Raunen des Regens in die Wipfel hinein, mit einer Innigkeit, die jede Nadel, jedes Blatt umfaßte, bis er in der kühlen Erdentiefe verrann.

Und da erklang vor Henners schmerzvollem Lauschen das alte Bibelwort, das er jedesmal vernommen hatte, wenn sie dort hinten im zerfetzten Land an einem neuen Grabe gestanden hatten; das gleichgültig, nichtssagend an ihm vorübergeglitten war, während er mit finsterem Gesicht die Hand am Helm gehalten hatte. Es erklang ihm, vielleicht weil der Regen so oft gefallen war, wenn sie zum Friedhof gegangen waren, vielleicht weil es so nach Erde roch und Birkenlaub. Aber es war mit einem Male da, und es schien ihm feierlich und groß zu klingen, nicht ärmlich und töricht wie alles andre Menschenwort in dieser weiten Nacht, sondern stark und ewig, als rauschten die Wipfel es nieder oder der Regen: „Von Erde bist du genommen, und zu Erde sollst du wieder werden!“

„Von Erde genommen ... das ist schön“, dachte er. „Das gibt mir Heimat, das meint vielleicht auch der Isegrim ... aber das andre, das ist schwer ... Wenn man’s nimmt wie der Pfarrer dort an den Gräbern, dann ist es leicht und klar ... wieder zur Erde werden ... weshalb denn erst im Tode? ... Das ist nicht für mich ... aber hier, jetzt! ... Wie der Isegrim vielleicht ... daß man versteht ... ein Feind der Menschen ... aber ein Bruder des Waldes ... ein Kind der Erde ...“

Er versank in Grübeln. Eine schwere, traurige Sehnsucht füllte langsam und schmerzlich sein Herz. Noch immer flüsterte der Wald, hoch und fern, noch immer fiel der Regen in die Wipfel hernieder, und groß und feierlich erklang ihr Rauschen: „Von Erde bist du genommen, und zu Erde sollst du wieder werden!“

In dieser Nacht begann des Hauptmanns Leid.

Drittes Kapitel

Das graue Männlein

Der Wald stand in süßem, schwerem Zauber. Die Erde blühte. Goldnes Licht fiel rieselnd gleich schimmernden Körnern durch hohe Wipfelfenster in die gedämpfte Tiefe. Ferne Orgeln erklangen, eines Vögleins Lied hing wie Glockenton über Altären, Weihrauch entquoll den Tiefen der Erde, und unbekannte Götter wandelten mit goldener Monstranz über Tal und Hügel.

Tag und Nacht verrannen mit leiser Zärtlichkeit ineinander. Hoch und blaß hing die Mondscheibe über der Welt. Ferne Wetter schlugen in bläulichen Flammen über den Wald, und der Rausch der Blüten rieselte wie Schaum über das Wipfelmeer. Kein Schlaf kam über die Erde. Goldne Sterne hingen über dem Hochzeitsgemach, betäubend zog der Duft der nächtlichen Blumen über das Schweigen, und der Atem der Liebe ging voll süßen, schweren Glückes über das silberne Gras. Beim ersten Vogelruf aber deckte der Gott des Werdens den Schleier der Morgenröte über die erglühende Geliebte, und in schimmernder Nacktheit schritt er, seligen Lächelns, silbernen Tau auf dem Haupte, tief und tiefer in die dämmernden Wälder hinein.

Kein Schlaf auch kam über die Menschen. Schwer und angstvoll floß das Blut, mit fremden, fragenden Augen sahen sie in die Welt. Unterirdische Fluten stiegen wieder, uralt und geheimnisvoll, zu den Füßen der Heimatlosen empor, und der Atem der Mutter Erde drang wieder stark und sehnsuchtsschwer durch ihr Herz.

Vom Moore her, am schwarzen Fließ entlang, brach Henner sich durch den Wald. Die Porstbüsche dufteten mit betäubender Schärfe, und der Fuß versank im dunklen, lockeren Moos. Schwarz und träge zog das Wasser unter Erlen dahin, und die Luft war heiß und dumpf wie von Fieber und Traum. Die Lautlosigkeit seines Ganges bedrückte ihn. An der nächsten Krümmung verließ er das Wasser und drang in die windgebrochene Wildnis. In Augenhöhe war der junge Wald geknickt, und, müde des leichten Spiels, hatte der Sturm die Stämme der Riesenfichten hineingeschmettert. Zerrissene Wurzeln griffen wild und haltlos ins Leere hinauf, und zwischen ihnen stieg als feste Decke das Erdreich senkrecht empor, in dem sie gewachsen. Dahinter gähnte der Boden zerrissen auf, schwarzes Wasser stand trübe und schillernd darin, und die Suhle des einsamen Keilers glänzte glatt und eben aus wucherndem Brombeergerank. Frech und aufdringlich warf der Nachtschatten die Üppigkeit seines Duftes in die dumpfe Dämmerung, und jede Blume sah fremd und böse aus, als sei sie vergiftet. Hoch oben aber standen die Wipfel zusammen, in einer helleren Welt, und klagend brach vom Horst der Schrei des Fischadlers in das Schweigen. Unten glitt die Kreuzotter träge und tückisch zur Seite, und in der Runde knickte leise ein Ast, von unsichtbarem, heimlichem Getier.

Aufatmend stand Henner still und sah seinen Weg zurück. Ehrfurcht erfüllte ihn und feierliches Rückerinnern, und ihm war, als sehe er hinten auf vermoderndem Stamm ein eisgraues, gebeugtes Weib, mit steinerner Klinge Kerbe auf Kerbe in ihren Wanderstab schneidend.

Dann wurde der Wald heller, vertrauter, und er fand die Stelle, zu welcher der Isegrim ihn geführt hatte. Noch blitzte unverheilt und drohend die weiße, harzgetränkte Kerbe, mit der der Isegrim das Geschoß aus dem Eschenstamm geschnitten hatte, und noch sah er den drohenden Arm, der über die Lichtung wies: „Dorthin ist die Spur gegangen!“ Sie hatte bis zum Waldrande geführt, dann hatte der Regen sie ausgelöscht. Die Richtung ging nach Samels Haus.

Henner stand am Waldrande und sah hinüber. Die Wiesen dufteten, silbrige Wellen glitten über das Kornfeld, und ein leiser Wind warf einen Regen von Apfelblüten über das graue Strohdach. Die Luft war freier und wärmer als im Walde, die leise geschwungenen Weiten schlossen sich auf, und glückselig hingen die Lerchen im tiefen Himmelsblau.

Zögernd nur schritt Henner aus dem Schatten des Waldes in das offene Land. Der Hof lag in Blüte und Schweigen, nur das Summen der Bienen hing oben in der Luft wie ferner, leiser Glockenton. Am Hoftore lehnte ein junger, schmächtiger Mensch in Feldgrau. Er hatte die Hände in den Taschen seiner Reithose vergraben und hielt die brennende Zigarette im Mundwinkel.

Henner blieb vor ihm stehen und betrachtete ihn, langsam und gründlich wie einen Zaunpfahl. Der Mann gab ihm aus halbgeschlossenen Augen einen frechen, aber feigen Blick zurück und verzog höhnisch den schlaffen Mund wie zu einem gemeinen Wort. Dann stieg ihm der Rauch der Zigarette in die Nase, die merkwürdig spitz und weiß war, und er nahm sie mit etwas krampfhafter Gelassenheit aus dem Mundwinkel, spie geläufig zur Seite und öffnete die Augen, wie ein junger Hühnerhabicht auf dem Horstrande.

Henner sah aufmerksam auf die drei fehlenden Knöpfe des geöffneten Waffenrockes, dann auf die Pantoffeln unter den Reithosen, dann noch aufmerksamer in die geöffneten Habichtsaugen und sagte dann, sich gleichgültig zum Gehen wendend: „Der Bauer zu Hause?“

Der Feldgraue nahm die Zigarette wieder zwischen die Lippen, steckte die Hand in die Tasche und öffnete schließlich den freien Mundwinkel: „M ... tjawoll!“

Henner blieb noch einmal stehen. „Sie sind der Schwiegersohn?“, fragte er kurz und scharf.

Der Gelassene verbeugte sich grinsend. „Zu Befehl, Herr Hauptmann!“

Henner nickte und ging über den Hof. Vor dem Holzschauer stand Samel an der Hobelbank und maß ein paar Bretter ab. Sein glattes, fast hölzernes Gesicht blieb unbewegt, aber seine Augen flackerten einmal schnell und scheu zum Tor hinüber. Henner reichte ihm die Hand. „Laß gut sein, Samel“, sagte er ernst. „Wir haben uns schon kennen gelernt. Also das ist der Fackelanzünder?“

Der Bauer nickte und wies Henner den Platz auf dem Hauklotz an ... Sorge und Unruhe bewegten jetzt sein Gesicht, als könnte er die krampfhaft geschlossenen Züge lösen, und mit einem Male war das Antlitz grau und alt.

„Ich kenne das, Samel", sagte Henner. „Mach' dir keine Gedanken! Sie sehen alle so aus. Stempel der Freiheit auf der Stirn und die Zigarette im Munde. Dich quält es noch ein bißchen, weil du einen sauberen Acker gewohnt bist, aber auch das gibt sich ... nur die Knöpfe könnte die Trude ihm annähen... wo ist sie? Nicht zu Haus?"

Der Alte schüttelte den Kopf. „Weiß nicht, Herr Hauptmann. Hier geht jeder Pflug seine eigene Furche ... Kann froh sein, daß sie mich auf dem Hof leiden."

„Bauernfaust ist doch hart, Samel?"

„Gott muß gestorben sein, Herr Hauptmann!"

„Dein Gott stirbt nicht, Samel! Kann dein Acker sterben?"

„Wenn ich tot bin ..."

„Nein!", sagte Henner streng. „Der Acker kann schlafen, aber nicht sterben, so wenig wie der Wald ... Was schaffst du hier?"

„Meinen Sarg", antwortete der Alte einfach.

„Hallo! Willst du sterben?"

„Es stehet geschrieben: ‚Der Mensch ist wie das Gras auf dem Felde, das da frühe blühet und bald welk wird, und des Abends abgehauen wird und verdorret.'"

„Aber zu seiner Zeit, Samel!"

„Ich bin siebzig, Herr ..."

„Dann ist es köstlich gewesen!"

Der Bauer lächelte, unerwartet und ergreifend, wie Blütenschimmer am erstorbenen Baum. „Köstlich", sagte er, noch immer mit scheuem Lächeln ... „ich bin immer still gestanden, wenn ich an das Wort kam ... köstlich ... wie Sonntag am offnen Fenster, wenn der Schlaf über die Augen kommt ... Frag' ich die Trude, Herr Hauptmann: Was ist köstlich, Tochter? Wird sie mit bösen Augen sagen: Schön sein! Frag' ich den da: Was ist köstlich, Schwiegersohn? Wird er mit krummen Fingern sagen: Geld! Frag' ich Sie, Herr Hauptmann ... Sie werden anders sagen, weiß nicht, was ... Frag' ich mich ... der Bauer lebt schwer, Herr, Sommer und Winter ... wenn ich pflüge oder mähe, oder ich geh' mit der Saat übers Feld ... ist schwer, ist vielleicht auch schön ... aber köstlich ..." Er schüttelte den Kopf. „Köstlich muß hinter der Welt sein, Herr, weit, weit hinter der Welt ..."

Eine Lerche stieg jubelnd über dem Felde auf.

„Dort, Herr!", sagte der Alte und hob lauschend die Hand. „Die wissen vielleicht ... die Tiere im Walde, die Vögel unter dem Himmel, und die Blumen auf dem Felde ... die wissen ... ich weiß nicht ..."

Henner stützte den Kopf in die Hand und sah der Lerche nach. „Du hattest eine Frau, Samel ...", sagte er nach einer Weile.

Der Bauer nickte. „Ich weiß, Herr, was Sie wollen ... was wir kriegen können, kann schön sein. Glück sagen die Menschen ... aber köstlich ist, was Sie nicht kriegen ... Unsre Augen und Ohren sehen und hören schon viel, aber das sehen und hören sie nicht ... manchmal möcht' ich andre Augen haben und andre Ohren ..."

„Verstehst du, was der Wald rauscht, Samel?" Der Alte nahm eine Handvoll Hobelspäne von der Erde auf, hielt sie vors Gesicht und atmete den starken, reinen Duft ein. „Wie soll ich verstehen, Herr? Vielleicht hat der Gottesmann im Walde gestanden, als er gesagt hat: ‚Wir bringen unsre Jahre zu wie ein Geschwätz ...'"

Henner sah ihn durchdringend an. „Du hast vielleicht einen Bruder, Samel!", sagte er nachdenklich. Dann stand er auf und sah die sinkende Sonne über den Apfelbäumen. „Wie war es doch ... wir bringen unsre Jahre ...?"

„Wir bringen unsre Jahre zu wie ein Geschwätz."

„Wie ein Geschwätz ..." Dann richtete er sich straff auf und gab dem Bauern die Hand. „Gute Nacht, Samel!"

Der Bauer hielt die Hand fest in unentschlossenem Zögern. „Herr Hauptmann“, sagte er endlich und strich mit der Linken über die Bretter, „ich muß noch etwas bitten ...“

„Nun?“

„Wenn ich merke, daß es zu Ende geht ... dann kann ich die Trude schicken und Sie kommen, ja? Ich ... vielleicht will ich Ihnen noch was sagen.“

Henner sah ihm prüfend in die Augen. „Jawohl!“, sagte er kurz. „Nun gute Nacht!“

Nach zwei Schritten drehte er sich noch einmal halb um: „Den Karabiner, Samel, hat dein Schwiegersohn doch abgegeben, nicht?“, fragte er gleichgültig, ohne ihn anzusehen. „Sorg’ doch dafür, wenn es noch nicht geschehen ist ... man muß sein Haus schon früh bestellen!“

Dann ging er aus dem Tor. Es war niemand mehr zu sehen.

Im Walde stand er tief aufatmend still. Er war wie zu Hause. Die Sonne sank. Ein Ringeltäuber rief vom hohen Fichtenwipfel nach seiner Gefährtin. Die Kronen brannten im Abendrot. Henner sah hinauf, aus der kühlen, traurigen Tiefe. „Wie ein Geschwätz ...“, wiederholte er in Gedanken. „Wie ein Geschwätz ...“

Er suchte den Pfad, der zum Seerande führte. Als er ihn gefunden hatte, stand ein jäh erblassendes Weib vor ihm. Sie trug einen Korb mit Krebsen am Arm, über die sie Brennesseln gedeckt hatte, und ein Netz in der freien Hand. Henner hielt einen Augenblick lang in der Bewegung inne, mit der er sich die Nadeln aus dem Haar hatte streifen wollen. Dann fuhr er sich mit der Hand über Haupt und Nacken, schüttelte den Hut ab und betrachtete sie dann schweigend und sorgfältig. Er hatte sie sofort wiedererkannt. Das braune Haar war in schweren Zöpfen um die Stirn gelegt. Das Gesicht war unregelmäßig, eckig, fast grob, aber nicht ohne eine gewisse große, wilde Schönheit. Die Augen leuchteten dunkel über den erblaßten Wangen und glitten unsicher, trotzig, feindselig über ihn hin. Sie war stolz und schwer gewachsen, ebenso groß wie er. Nun sah sie aus wie ein Wild, das zum Sprung ins Dickicht ansetzt.

„Nun?“, sagte er fremd und gleichgültig, indem er jede Linie ihrer Gestalt betrachtete. „Was machst du hier?“

Sie schwieg. Nur ihre Hand spannte sich fester um den Stiel des Netzes, und er sah die Sehnen weiß unter der braunen Haut sich abzeichnen.

„Hörst du nicht?“, fuhr er gleichmütig fort. „Oder bist du so erschrocken?“

Sie lächelte mühsam, wie in beabsichtigter Verächtlichkeit. „Wovor erschrocken?“, sagte sie langsam; und dann richtete sie sich auf, stolz und straff, und das Lächeln verschwand wie ausgelöscht aus ihrem Gesicht.

„Weil ich es nicht dulde“, sagte er langsam, „daß jemand diesen Wald betritt ohne meine Erlaubnis! Und wer es tut, tut es auf seine Gefahr, und ich werde ihn bestrafen!“

„Bestrafen?“ Ihre Augenbrauen zogen sich finster zusammen.

„Bestrafen!“, wiederholte er. Dann lächelte er spöttisch. „Es heißt zwar ‚Lange Haare, kurzer Sinn‘, aber ich dachte, du hättest dir die Lehre gemerkt?“

Ein jäher Blitz flammte in ihren Augen auf, und eine dunkle Blutwelle schlug ihr bis unter das Haar hinauf. „Wollen Sie mich vielleicht wieder schlagen?“, flüsterte sie haßerfüllt.

„Nein, das nicht!“, sagte er fast teilnahmlos. „Aber wenn ich dich noch einmal treffe, nehme ich dich mit in den Wald hinein, für eine Nacht ... Dann lass’ ich dich wieder laufen.“

Ihr Gesicht wurde weiß wie eine Wand. Ihre Augen wurden starr und weit, und ein kaum fühlbares Zucken lief jäh und willenlos um ihren Mund. Dann trat sie, fast taumelnd, einen Schritt zurück und öffnete die Lippen. „Hüte dich!“, sagte sie mühsam und leise. „Ich bin verheiratet!“

Er lächelte höhnisch und beleidigend. „Der Lump! ... Näh' ihm lieber die Knöpfe an seinen Schandrock! ... Und nun los! Mach', daß du fortkommst!"

Er machte eine kurze, befehlende Handbewegung und ging an ihr vorbei, ernst und ohne sie anzusehen.

Er blieb nicht stehen und drehte sich nicht um. Er lächelte nur wieder, böse, fast grausam.

Als er auf die Seewiese trat, stand drüben ein Bock und fegte an einer schwankenden Kiefer sein Gehörn. Er atmete tief auf, hob die Büchse, und im Feuerstrahl sah er das Tier zusammenbrechen, schwer und jäh, wie niedergeschmettert. Der Donner des Schusses lief scharf und hallend durch das zuckende Schweigen, und in den rollenden Widerhall brach sein Schrei, hart und wild wie der Schrei des Adlers über die versinkende Welt.

Dann stand er über dem Tier und sah gleichmütig auf das Gehörn. Er brach das Wild auf, zwängte es in den Rucksack und trat bei aufgehendem Monde lächelnd und frisch in das Haus am See.

Sie saßen in der hohen, offenen Vorlaube an der Rückseite des Hauses, von der man über den See hinwegsah. Zu beiden Seiten wuchsen Stamm und Wipfel der beiden Linden düster und gewaltig über das Haus empor, verwuchsen mit dem Strohdach und bildeten so eine immer schattendunkle Halle, in die nur die Abendsonne hineinleuchtete. Über die freie Vorderseite griffen die Zweige der Apfelbäume, nun in rötlich schimmerndem Weiß, hinein, und dicht hinter der Blütenwildnis stürzte das Ufer ab, sodaß man hinter den blühenden Bäumen ohne Übergang das Wasser des Sees sah. Drüben stiegen wieder dunkel und feierlich fremde Wälder hügelan.

Wera saß an der Vorderseite, stützte den linken Arm auf die Brüstung und sah unbeweglich hinaus. Ein Apfelzweig hing dicht über ihrem schwarzen Scheitel, schwer und sehnsüchtig, als warte er auf den leisen Wind, der seine Blüten plötzlich und verschwenderisch über die dunkle Krone schütten sollte. Zu ihren Füßen kauerte Elsabe, das

Gesicht dem Hause zugewendet, an ihre Knie geschmiegt. Der Isegrim hockte in dem Winkel zwischen Stamm und Haus, hielt eine flache, glatte Schale in den Händen, die er aus Lindenholz geschnitzt hatte, und starrte regungslos an den Mädchen vorbei in die Ferne. Er sah aus wie das Gespenst des toten Hauses, ans Licht des Mondes gestiegen, um zu lauschen bis zum ersten Hahnenschrei, ob keine Türe gehen, kein Fenster sich öffnen, kein Ton der Vergangenheit erklingen würde.

Henner trat durch die Tür, die in den Oberstock führte, blickte lächelnd über das schweigende, friedenvolle Bild und ließ sich dann in den ersten Korbstuhl sinken. „Seid gegrüßt!", sagte er heiter. „Ihr sitzt wie in einem Zaubergarten."

Wera nickte, freundlich aber ernst. Elsabe lächelte, träumerisch, fast schmerzlich, und strich mit einer müden Bewegung das Haar zurück. „Du warst solange fort, Henner", sagte sie endlich. „Ein Schuß fiel. Warst du das?"

„Jawohl, das war ich!" Er hielt eine Nachtschattenblüte in der Hand und hob sie ab und zu an das Gesicht. „Nun, Isegrim, was macht die Stadt? Stehen Häuser und Menschen noch, fest und des teuren Lebens froh?"

Der Isegrim fuhr jede Woche einmal mit dem Kahn nach der Stadt, holte Lebensmittel, Zeitung und Briefe und war so das Band, mit dem der Wald sich an die Welt knüpfte.

„Stehen wohl, Hauptmann!", sagte er verächtlich. „Aber nicht fest und auch nicht froh. Haben Schimmelpilze außen und innen und seh' die Raupen an Häusern und Menschen klettern, große, schwarze, giftige."

Henner lachte.

„Hab' einen Brief mitgebracht, Hauptmann, für dich!"

Henners Gesicht verfinsterte sich. „Gib her!", sagte er kurz. „Mach' Licht!"

Elsabe stand auf, hastig und unruhig, und zündete die Kerze an, die auf dem Tische stand. Dann blieb sie stehen, leise erblaßt, und sah auf Henner.

„Elsabe, komm her!“, sagte Wera ruhig und freundlich. „Sieh, wie die Sterne aufziehen!“

Der Hauptmann überflog den langen Brief, faltete ihn zusammen, löschte das Licht und drehte schweigend die Blüte zwischen seinen Fingern. „Du, Isegrim!“, sagte er nachdenklich. „Kannst du Torf stechen?“

„Torf? Jawohl!“

„Sehr schön! Wenn die Fackelanzünder uns Wald und Haus überm Kopf anstecken, dann haben wir schon eine neue Heimat.“

„Neue Heimat gibt’s nicht, Hauptmann. Gibt nur Heimat!“

„Auch wahr ... Mein Regimentskommandeur schreibt mir. Sie haben ein Moor bekommen, in Hannover, zehnmal so groß wie unser Wald. Auch Siedlungsgeld. Das machen sie urbar, Offiziere und Leute vom Regiment. Da kann ich hin, jederzeit ... ja, ein Oberst und Moorbauer ...“

Er stand auf und trat an die Brüstung. Seine Faust griff in die blühenden Zweige und schüttelte sie. „So weit!“, stieß er haßerfüllt hervor. „So weit ...!“ Dann ging er zu seinem Platz zurück.

„Ich war bei Samel“, sagte er nach einer Weile ruhig und sah dem Rauch seiner Zigarre nach. Wera zuckte zusammen, und der Isegrim hob den Kopf, leise, aber schnell, wie ein witterndes Wild. „Er hobelte an seinem Sarg und hat mir einen Psalm Moses erzählt.“

Elsabe sah ihn forschend an. „Einen Psalm?“

„Ja ... er war schön ... ein Vers war sehr schön ... Wir bringen unsre Jahre zu wie ein Geschwätz ...“

Elsabe nickte, und Wera stand auf.

„Hast du ihn gesehen, Hauptmann?“, fragte der Isegrim langsam.

Er nickte. „Jawohl.“

„Wie ... sieht er aus?“

„Gemein!“

Der Alte nickte. „Wer, Henner?“, fragte Elsabe.

„Sein Schwiegersohn ... der Fackelmensch.“

„Hast du die Tochter gesehen?“

Er nickte. „Auch!“ Sie wagte nicht weiter zu fragen.

Langsam trat Wera an seinen Stuhl und nahm ihm die Nachtschattenblüte aus der Hand. „Gib bitte, Henner!“, sagte sie. „Ich kann diese Blumen nicht riechen ... sie duften unrein.“ Und sie warf die Blüte über die Brüstung in den Garten. Henner lächelte.

Die Mondscheibe trat hinter der Linde hervor. Bläuliches Licht floß über den blühenden Garten und vertropfte rieselnd in der Tiefe. Unbeweglich wie Erz standen die Blätter der Linden, in weißer Glut oder in düsterer Schärfe, wie Licht oder Schatten sie überfiel. Blasse Sterne hingen über der Welt, unbeweglich, in heiliger Höhe. Schweigend wandelten fremde Götter über das silberne Gras und versanken im Walde; fremde Stimmen der Erde riefen, fremde Flügel flogen hoch über Wiese, Wald und Feld; und mit gefalteten Händen standen Menschen und blickten wirr fragend, hilflos aus dunklen Vorhöfen in schimmernde Tempel der leuchtenden Nacht.

„Was ist köstlich, Wera?“, fragte Henner leise.

Sie streifte mit blassen Fingern über einen glänzenden Blütenzweig. „Dies ist köstlich ... eine reine Blüte im reinen Tempel zu sein . . . duften unter den Augen fremder Götter, im bläulichen Opferlicht ... und dahingehen mit dem Morgenrot des Tages ... keine Sprache sprechen ... keinen Menschen kennen...“

„Es ist der Tempel der Liebe, in den du blickst ... der Liebe der Erde.“

Elsabe sah zur Mondscheibe empor. „Köstlich muß die Liebe sein ... die große, sanfte, über den Tod hinaus ...“

„Du wirst sie finden, Elslein!“, sagte Henner sanft.

Zwei Tränen traten leuchtend in ihre Augen, wie aus dem tiefen Herzen mählich zusammenfließend, und tropften langsam und schwer an ihren Wangen hernieder, schimmernd im Lichte des Mondes.

„Schwesterlein!“, sagte Wera mit unendlicher Zärtlichkeit und legte die Hände schützend um den blonden Kopf.

Der Mond trat aus der Linde heraus und hing frei und groß im blauen Raum. Die Wände des Himmels traten schweigend in weitere Fernen zurück, und die blassen Sterne hoben sich höher über die Welt.

„Und du, Isegrim? Was ist köstlich?“

„Ist vieles köstlich, Hauptmann, gar vieles ... in Tal und Wald, vom Menschen weit ... Aber ist das graue Männlein doch am köstlichsten ...“

„Welch ein Männlein?“

„Steht im Walde, wo traurig die Fichten rauschen ... hat Haare von grauem Gras und Augen des Tieres ... und trägt ein Kränzlein von Vergißnichtmein über der Stirn ... Lächelt gar lieblich, wie Elslein lächelt, zeigt hinein in den traurigen Fichtenwald und tut mir leise winken ... gar heimlich ... gar heimlich ...“

„Siehst du es oft?“

„Wenn der Wald blüht ... wenn die Blätter fallen ... wenn du das Gras streichelst und die Rinde, und dem Falken nachsiehst, weil dir das Herz weh tut ... Sprichst du zur weißen Wolke und sie fährt dahin ... sprichst du zum Reh im Tann und es springt davon ... rufst du: ‚Gott, mein Gott!‘ und alles ist still, gar still ... dann steht das Männlein und winkt ...“

„Gingst du ihm nach?“

„Führt dich in die Irre ... dringst ihm nach durch Busch und Dorn ... stehst du wieder wie zuvor, steht wieder das Männlein, lacht nicht mehr, ist traurig, nimmt das Kränzlein aus dem Haar ...“

„Und dann?“

„Kehrst heim, müde, traurig, und sprichst mit deinem Hund ... Einmal, Hauptmann, einmal nahm ich die Büchse ... das Feuer flog ...

warf der Schlag mich nieder, lag ich sinnlos bis zur Nacht ... ist doch das Männlein wiederkommen ... im traurigen Fichtenwald ..."

„Isegrim!", rief Elsabe flehend.

Er sah sie demütig an. „Ist so, Vöglein! Ist doch so! Hab' nur ein Auge, sehe mehr als wie die andern. Hätt' ich keins, würd' ich noch mehr sehen ..."

„Köstlich muß hinter der Welt sein", sprach Henner nach langem Schweigen. „So sagt Samel."

Wera streichelte Elsabes Haar. „Ich habe ja anderes Blut als ihr", sagte sie. „Meine Mutter war eine Russin. Und als ich im Kloster war, da dachte ich, es sei köstlich und hinter der Welt. Aber vielleicht war es nur, weil diese frommen Frauen den Menschen abgestreift hatten ... sie waren dem grauen Männlein gefolgt, bis in sein Heim ..."

„Wera!", flüsterte Elsabe zusammenschauernd. „Wenn du eine Nonne geworden wärest ... und hättest niemals lieben, niemals heiraten dürfen!"

Henner lachte. „Du bist die einzige von uns, Elslein, die weiß, wo das Köstliche liegt. In Liebe und Ehe!"

„Glaubst du das nicht, Henner?" Sie sah ihn erschreckt an.

„Nein!", sagte er lächelnd und ungerührt. „Für euch vielleicht, für dich ... nicht für mich! Was ist mein Glück? Kampf! Wenigstens war ich nie so still und zufrieden wie in der Schlacht. Kampf aber verlangt Freiheit. Und Liebe ist Gefangenschaft, Fessel, Unfreiheit, von der Ehe ganz zu schweigen ... Der Mann kann sich wohl lieben lassen, aber er hat nicht zu lieben. Er hat eben nicht, oder er ist ein Selbstmörder ... Die Liebe ist für mich, was das Wasser des Sees für die Schwalbe ist, die einen Schwingenschlag lang ihre Flügelspitzen eintaucht."

Langsam und scharf grub die Falte sich zwischen Weras Brauen. „Wie hart du sprichst!", sagte Elsabe traurig und hoffnungslos.

Henner hob abwehrend die Hand. Das Mondlicht fiel jetzt hell und mild in sein hageres Gesicht, auf dem es immer wie ein Widerschein der grauen, fahlen, zerwühlten Erde lag, über die er in den letzten Jahren Tag und Nacht geblickt hatte. Der Mund, frei von jedem Bart, erinnerte schon leise an den Mund des Franziskus, nur daß in unbewachter Stunde ein leiser Schmerzenszug sich formen konnte, eigentümlich weich, fast sehnsüchtig, wie um einen Frauenmund. Nur die dunklen Augen standen immer scharf und hart in die Welt hinein, glänzend und kalt wie geschliffenes Erz.

„Hört zu, ich will euch eine Geschichte erzählen ... Ich hatte einen Adjutanten, fünfundzwanzig Jahre alt, zart, blond, rosig ... ein Kind. Er war fleißig, pünktlich, pflichteifrig und tapfer ... er war tapfer, daran ist nicht zu zweifeln! Ich war ihm gut und schonte ihn, wenn ich selbst etwas auf mich nehmen konnte. Dann kam er vom Urlaub und hatte sich verlobt. Erste Dummheit!', sagte ich zu ihm. Er trug das Bild auf dem Herzen. Sie war hübsch, und am schönsten waren ihre Kinderaugen. So wie seine ... Unsre Stellung war ruhig. Nichts fiel vor. Er arbeitete viel und begleitete mich ungern. Fiel mir nicht auf ... Dann kam er wieder vom Urlaub und war verheiratet ... ‚Zweite Dummheit!', sagte ich. Ich war verstimmt. Er war müde, schwermütig, nervös ... Dann kamen harte Tage, wochenlang. Sein Blick wurde flackernd, als fürchte er sich vor mir. Wir hatten viel Verluste, schweres Feuer, sehr schwer. Die Offiziere fielen. Wir waren die einzigen beim Stab ... Dann kam in der Dämmerung der große Angriff. Der Stollen dröhnte, Stützen brachen, die Leute lagen fahl, wie tot bei uns. Leitungen zerschossen, keine Meldung. Ich sah nach der Uhr. ‚Sie müssen nach vorn, Berthold!' Er sah mich an, weiß, mit zuckenden Lippen. ‚Nehmen Sie zwei Mann mit und bringen Sie mir Meldung!' ‚Herr Hauptmann!', sagte er leise, wie ein Kind, das weinen will. ‚Wollen Herr Hauptmann nicht noch ...?' Ich blickte ihn an, groß, erstaunt. Er machte sich fertig, langsam, wie im Schlaf. Ich trat zu ihm. ‚Soll ich gehen, Berthold?' Ich sprach sehr leise und sehr kalt.

Er raffte sich zusammen. ‚Herr Hauptmann werden die Meldung bekommen!', sagte er schneidend. Ich begleitete ihn bis oben in den Graben. Es war fast dunkel, aber die ganze Erde brannte ... Vorn stiegen rote Leuchtkugeln hoch, jammervoll, nach Hilfe schreiend. Unsre Geschütze brüllten, heiser, verzweifelt. Die Geschosse heulten über uns hin zum Feind, wie heißer Atem von wilden Tieren. Von drüben ebenso. Über uns bissen sie sich ineinander, heiser, keuchend. Die Mündungsfeuer flackerten, böse, grell, über den ganzen Himmel. Dann hielt man den Atem an, das Herz schlug schwer und dumpf.

Der Feind schoß schwere Minen. Sanft und lächelnd glitt es wie Sternschnuppen über den Himmel, bis es hell, lachend, wahnsinnig herunterkam. Blutrot, flammend riß die Erde auf, ein Gluttrichter mit haarscharfen Rändern, und war fort, weggewischt. Und donnerte über die Erde hin, gellend, schmetternd, verrucht, wie mit Stahlplatten auf uns einschlagend und glühende Peitschen hart über den Boden fegend, daß die Steine schrien.

Wir drückten die verzerrten Gesichter in die feuchte Erde. Vorne hämmerten die Maschinengewehre. ‚Es hilft nichts, Berthold! Es ist Zeit!' Er sah mich an mit wahnsinnigen Augen und tastete nach dem Bild überm Herzen. ‚Ich bleibe hier oben, bis Sie wiederkommen. Nun gehen Sie!'

Er ging, stumm, taumelnd ... Die Sekunden waren schwer wie eine Ewigkeit. Vorne krepierten Handgranaten. Ich ging zur nächsten Ecke, weiter, noch weiter. Da lag etwas im Graben, zusammengekauert. Berthold! Ein paar Schritte weiter die Leute! Er hielt die Hand vors Gesicht, als erwarte er einen Schlag. In der Hand das Bild! ‚Sind Sie wahnsinnig!', flüsterte ich ihm ins Gesicht, heiser vor Wut. Er weinte. ‚Herr Hauptmann! Ich ... ich bin krank ... einen andern schicken ... meine Frau ...' Ich richtete mich auf, kalt, verächtlich. ‚Feige!', sagte ich leise. ‚In des Königs Rock! Ich gehe selbst ... wenn ich wiederkomme, sind Sie fort!' ‚Nein!', schrie er. ‚Nein! Vorwärts!' Er sprang über die Leute fort, und ich sah sie nicht mehr ... Nach einer Stunde brachten sie ihn zurück. Tot ... die dritte Dummheit ..."

„Henner!" Elsabe starrte ihn mit weit geöffneten Augen an.

Er sah finster über sie hinweg. „Er brachte keine Meldung ... Ich ging selbst hinaus ... und brachte sie zurück ... Ihr braucht mich nicht zu hassen deshalb ... aber man muß sterben können, immer, zu jeder Zeit!“

Elsabe fröstelte. „Ja ... ja ...“, sagte sie tonlos. „Nur ... es ist so grausam, so schwer...“

Die Schwestern standen auf, eng umschlungen. Elsabe sagte Henner und dem Isegrim Gute Nacht. Wera neigte das Haupt. Sie reichte niemals die Hand.

Der Isegrim trat ins Licht. „Du bist jung, Hauptmann“, sagte er. „Wenn ich zum Sterben komme, im Haus, auf dem Lager, dann gib mir die Kugel!“ Und er verschwand wie ein Geist in der Nacht.

Henner blieb allein. Wie Nebel aus dem gepflügten Feld stiegen aus der aufgerührten Tiefe seiner Seele die Bilder der letzten ruhelosen Jahre, flüchtig und ineinander fließend, aber alle unter dem strengen, scharfen Licht, unter dem seine kühlen Augen auch diese großen Jahre betrachtet hatten, das wenige Liebliche leise verschönt, das Finstere und Grausige leise gemildert. Eine Poesie des Krieges hatte es niemals für ihn gegeben, nur daß der ruhige Atem der Selbstverständlichkeit zuzeiten sich bei ihm zum Sturmwind einer wilden Größe und Erhabenheit beflügelte, wenn das scheinbar Unerträgliche ihm zum Erträglichen wurde, das scheinbar Übermenschliche zum Menschlichen; wenn er auf sich selbst wie auf eine Erzfigur blickte, von kühlster Künstlerhand geschaffen und rein und schlackenlos die Feuerprobe überstehend.

Aber mit Erbitterung und Zähneknirschen dachte er an die Hölle des letzten Jahres, wo der Mensch aufgehört hatte, als Mensch zu gelten und zu kämpfen; wo der Feind nicht Faust, nicht Auge, nicht Blöße hatte, sondern einer unendlichen, rohen, wilden, unirdischen Erzmasse glich, die von fremden Riesen geschleudert wurde; die sinnlos und wahllos zerschmetterte, und vor der man ohnmächtig stand, als ob man mit dem blanken Schwerte in der Faust ein Gebirge granitner Felsen zum Zweikampf herausfordern sollte. Er hatte sich beugen müssen, und nicht Gott noch Menschen gab es, denen er das hätte vergeben können.

Nun war seine Welt verwandelt, traumhaft still und tatenlos, und langsam, tastend wuchsen neue Wurzeln, nachdem das eherne Gefäß gesprengt war, das ihnen Licht und Atem genommen hatte. Mit dem Versuche leisen, schüchternen Verwirrens glitten Frauenhände durch die straffen Fäden seines Lebens. Er stand ferne und sah nur mit leisem Lächeln auf sie nieder wie auf das Spiel von Kindern. Sein Ohr lauschte bereits nach anderen Klängen. Was unklar, rätselvoll, düster durch seine Seele zog, stand weit hinter Menschenliebe und Menschenhaß, blickte mit fremden Augen, sprach mit fremder Stimme, verlangend, heischend, befehlend: der Wald! Der Wald mußte Bruder werden oder Herr, höchstes Glück oder tiefstes Leid. Ferne stand das graue Männlein, das uralte und ewigjunge, mit dem Auge des Tieres und dem Kränzlein Vergißnichtmein, im traurigen Fichtenwald, wo die Geheimnisse schliefen.

Hoch und fern wandelte der Mond über den bleichen Garten. Schon hing schwarz und regungslos ein Blatt der anderen Linde vor der glänzenden Scheibe, und langsam, in feierlicher Kühle, überschlich ihn der weiche, flimmernde Schatten des Laubes.

Und dann öffnete sich lautlos die Tür, und Wera stand schlafend auf der Schwelle, von jenseitiger Stimme gerufen. Einen Augenblick lang stand sie bewegungslos, als lausche sie in die Ferne hinein; dann legte sie die linke Hand auf das Herz und schritt der Brüstung zu, leise vorgebeugt, suchend, fragend. Im Schreiten floß ihr Nachtgewand in schimmernden Falten, und ihre silbernen Füße streiften den Boden, als würden sie über die Apfelblüten hinwegwandeln und sie zu den Sternen hinauftragen, die oben ihrer harrten. Ihr Antlitz mit den geschlossenen Augen war so weiß wie ihr Gewand.

„Wo ist das Männlein?“, sagte sie leise klagend wie im Fiebertraum. „O hilft mir keiner das Männlein suchen?“ Sie beugte sich über die Brüstung hinaus, und wahrend ihre Hände unruhig, aber zart und behutsam die Blütenäste zur Seite streiften, begann sie zu singen, müde, wirr, unbewußt, wie ein Vogel im Traum, mit einer ergreifenden, klanglosen, gebrochenen Kinderstimme:

„Wenn ich an mein Bänklein knie.
Will ein bißlein beten.
Steht ein bucklicht Männlein da,
Fangt als an zu reden:
Liebes Kindlein, ach, ich bitt'.
Bet' fürs bucklicht Männlein mit!"

Henner war aufgestanden, fast so blaß wie Wera. „Das Männlein ist nicht hier, Wera", sagte er leise, tröstend. „Das Männlein ist im Walde."

Sie wandte den Kopf lauschend nach seiner Seite „Du weißt ja nicht, wo das Männlein ist", sagte sie müde und enttäuscht. „Wie kannst du das Männlein kennen?" Und sie schritt die Treppe zum Garten hinunter und zwischen die blühenden Bäume hinein.

„Laß mich dir suchen helfen, Wera!", sagte Henner so weich wie möglich.

„Du kannst nicht, Henner!", rief sie klagend und legte die Hand auf seinen Arm. „Du kannst ja nicht weinen ... wie kannst du da nach dem Männlein suchen?"

„Weinst du denn, Wera?"

„Jetzt nicht ... aber früher, früher hab' ich soviel geweint ... und ich möchte doch wieder weinen!"

Er führte sie leise an der Hand durch die Runde des Gartens. „Weshalb willst du wieder weinen, Wera?"

„Weil ich dich hassen muß, Henner!" Ihre Stimme schnitt ihm ins Herz.

„O Wera!", sagte er bittend. „Das mußt du nicht tun!"

„Ich muß! Ich muß!", sagte sie klagend. „Ich muß dich hassen, damit ich dich nicht liebe ... aber es tut mir weh ..."

„So liebe mich doch, Wera!"

„Wenn ich dich liebe, muß ich sterben, denn ich werde unrein ... Ich kann in Haß leben und in Sünde, aber wenn ich unrein werde, muß ich sterben ... Hätte ich ihn geheiratet, der bei der Trude war, so hätte ich mich töten müssen ..."

„Aber ich war nicht bei der Trude!"

„O Henner, hättest du nie eine Frau berührt! Aber deine Hände sind unrein wie der Nachtschatten, und du weißt nicht, daß in der Liebe das Köstlichste die Tränen sind ..."

„Es gibt keine Reinheit!", sagte er finster.

Sie lächelte schmerzlich. „Die Erde ist rein, die Blüte und der Wald!" Die Finger ihrer Hand, die auf seinem Arme lag, öffneten sich in einer Gebärde des Entzückens, und er sah in dunklem Leid und weher Sehnsucht auf die Hand nieder, die ihm wie ein unverstandenes Wunder war, wie die weiße Wolke oder das silberne Gras.

„Ich will ein Bruder des Waldes sein", sagte er, und seine Stimme bebte in unbewußter Trauer. „Ein Bruder des Waldes und ein Herr der Menschen ... dann wirst du mich lieben ..."

„Wenn ich dich liebe, werde ich mich töten", flüsterte sie mit ersterbender Stimme. Ihr Haupt sank an seine Schulter, und ihre Brauen zuckten schmerzlich wie die zarten, blauen Adern auf den geschlossenen Lidern.

Sanft, fast ohne sie zu berühren, führte er sie die Treppe empor und durch das dunkle Haus in ihr Zimmer. Sie sank auf ihr Lager, und er breitete behutsam die Decke über sie, ohne daß sie erwachte.

Dann ging er in den Wald hinein. Noch spielte das Licht des sinkenden Mondes über die niedrige Schonung hin um seine gebeugte Gestalt. Dann breitete er die Arme aus und schritt zwischen die Stämme hinein, den Blick den schweigenden Wipfeln zugewendet.

Und dann neigte das Dunkel sich über ihn, und sein Körper versank in ihm wie in einer warmen tiefen, unendlichen Gruft.

Viertes Kapitel

Elsabe

Langsam, träumend und sonnenwarm gingen die Tage. Die Erde hatte verblüht und sah aus stillen, verschleierten Augen der Zeit der Reife entgegen. Ernst und feierlich wie immer hatte der Nadelwald, der jahrhundertealte, über die junge, blühende Sehnsucht dahingerauscht. Langsamer stiegen die Säfte durch die hohen Säulen unter das dämmernde Dach. Nun aber war auch seine Zeit gekommen: Er blühte. Wenn unter dem blauen Himmel der Morgenwind mit warmer Hand durch seine Wipfel strich, daß leise die Äste sich rührten, dann lag eine schimmernde Wolke um seine Kronen, wie der ewige Staub der Brandung über der rauschenden Flut. Es war nicht süß und herzbewegend wie die Blüte des Mai. Schlicht und schweigend ging es über die Erde, wie des Sängers Lied von alten Geschlechtern, wo Ring an Ring sich schließt, vom Dunkel der Vergangenheit bis ins Dunkel der Zukunft. Aber in den lautlosen Nächten, wo die Sterne hoch und fremd über allem Lebenden standen, ging es wie ein stolzes Lächeln durch die Wipfel des Waldes; als versinke all das andre zu seinen Füßen in Armut und Ohnmacht, Mensch und Pflanze und Tier, und er allein hebe seine Augen auf schwer von Wissen und Schauen; und spreche mit den Sternen, die er gesehen und gekannt, als alles andre was nun lebte, noch nicht war, und die er sehen und kennen würde, wenn alles andre, das nun lebte, Staub und Moder sein würde.

Langsam gingen die Tage. Sie sanken aus den hohen, weißen Nächten hernieder wie Tropfen aus einer leuchtenden Schale, allmählich wachsend, sich füllend, schwer von Sonne und Glanz; und dann fallend und leise zerrinnend im Rauschen des Waldes, als sei dort tief in seinen Räumen ein dämmernder Schacht zur dunklen Tiefe der Vergangenheit.

Der Isegrim war nächtelang im Walde und schlich unhörbar um die weiße Kerbe im Eschenstamm, unermüdet, in beherrschter Wildheit, wie ein nächtliches Raubtier. Die Frauen waren müde und blaß im grauen Hause. Sie konnten die Hände ineinanderlegen und Stunde auf Stunde über den See blicken oder über den Wald, in die heiße, flimmernde Ferne. „Nimm etwas vor, Elsabe!", sagte Wera dann, wie aus dem Schlafe erwachend, und sah sorgenvoll auf das schmal gewordene Gesicht. Aber Elsabe schüttelte kaum merklich den Kopf. „Wozu ... es ist so schön ..."

Henner war Tag und Nacht im Walde. Es war ihm, als sei er nicht sein eigen, bis er nicht die Hand an jeden Stamm gelegt, nicht den Fuß auf jedes Moos gesetzt habe. „Er zählt die Nadeln seiner Bäume", sagte Elsabe bitter lächelnd, „aber die Tränen unsrer Augen würde er nicht zählen, wenn wir um ihn weinten." „Weshalb sollten wir um ihn weinen, Elslein? Laß ihm nur Zeit ... wir waren ja immer einsam ..."

Aber eines Tages kam er doch, lächelnd und teilnehmend. „Elslein", sagte er und strich ihr freundlich wie einem Kinde übers Haar, „der böse Wald hat etwas für dich, damit du ihn nicht immer fürchtest. Wir haben es gehütet für dich, der Wald, die Sonne und ich. Nun ist es fertig und wartet."

Sie sah fragend zu ihm auf, mit ungläubigem Lächeln, das wie verlernt erschien. „Was wird das sein?", sagte sie.

„Die Erdbeeren sind reif!"

Ein Jubelruf antwortete ihm, leise und schüchtern wie eines Vogels erster Ruf nach grauen, kalten Tagen.

„Siehst du!", sagte er wie tröstend. „Mittags, wenn sie am schönsten duften, gehen wir hin, ja? Und du, Wera, kommst du nicht auch mit?"

„Nein, laßt mich!", erwiderte sie freundlich. „Ich freue mich, wenn Elslein geht."

Im Buchenwald war es still und kühl. Das Sonnenlicht floß gedämpft wie durch grüne Glasscheiben hernieder, und das Moos war weich und frisch, als rännen die Tautropfen der Nacht noch langsam an seinen Wurzeln in die Erde. Dann traten sie in den Nadelwald. Die Luft flimmerte bis zwischen die Stämme hinein, es roch nach Harz und Beeren, und oben in den Wipfeln hing ein leises, zartes Tönen, als rührten die Sonnenstrahlen an kleine Glocken, bevor sie leuchtend in die Tiefe fielen.

Hier war einmal vor langer Zeit ein Schlag gewesen, aber der Gott des Waldes hatte mit reichen Händen den Samen über die frierende Lichtung geworfen, daß die Blöße sich wieder verhüllte und ein neues Geschlecht wieder emporwuchs. Hohes Gras wiegte sich sanft über den jungen Kiefern, die Heuschrecken spielten verschlafen ihr eintöniges Lied, und noch fiel von ferne der Ruf eines Kuckucks traumhaft über die Wipfel herein.

Und hier wuchsen die Beeren. Henner streckte sich ins Gras, auf den Rücken, den Kopf an eine Kiefer gelehnt und die Hände mit geöffneten Fingern ins warme Moos tauchend. Elsabe nickte ihm lächelnd zu und begann zu sammeln, zuerst zu seinen Füßen, dann immer weiter fort, als ziehe der Wald sie langsam zu sich und das Gras wachse hinter ihr empor, um sie zu verbergen.

Henner folgte ihr mit den Augen, ohne seine Stellung zu verändern. Solange sie bei ihm war, ließ er den Blick nicht von ihrem Gesicht, dessen Blässe und Schmalheit ihn mit leiser Schwermut ergriff, ohne Klarheit und ohne Schuldgefühl. Sie lächelte unbewußt, und das reine, stille Glück, das zärtlich wie eine warme Welle aus dem Sammeln reifer Früchte fließt, wachte ihr Antlitz sonnig und lieblich wie ein Kinderantlitz. „Elslein!“, sagte er, ohne es zu wollen. „Du mußt mich nicht stören, Henner! Siehst du nicht, wie viele hier sind? Und keiner pflückt sie ... müssen alle vergehen, wenn die Rehe nicht kommen in der Nacht.“

Dann sah er nur ihre Gestalt und den weißen, großen Hut, der zwischen den Kiefern auftauchte und verschwand. Wie ein Kind des

Waldes, aus schattendunklen Gründen für eine Weile entlaufen, um Licht und Sonne zu trinken in schnell vergehendem Glück ... und er liege unter den hohen Kiefern, um ihrer zu hüten, sorgsam wie ein Bruder, und sie dann wieder zurückzugeleiten in Schatten und Einsamkeit.

Arme Schwester! Er sah ihr Leid, lange schon. Weshalb konnte er nicht blühen, ohne Schmerzen wie die Erde? Vielleicht war es doch schön, nicht nur die Faust um den Büchsenschaft zu spannen, nicht nur die Arme schmerzlich dem Winde entgegenzubreiten? Wenn eine weiche Menschenhand die Rüstung aufschnürte, den harten Helm von der schmerzenden Stirne hob und das Haupt an linder Brust sich bergen konnte ... Er lächelte finster und sah zu den Wipfeln auf. „Und Tränen, wenn du wieder ausreitest, Klagen, wenn deine Augen düster blicken, Locken und Schmiegen, wenn deine Hand aus schwerem Traum nach dem Schwerte tastet ... o, Krieg müßte wieder in der Welt sein, Krieg wie ehemals! Daß die Gedanken wieder fortgehen, dies alles, das ..." Er schüttelte den Kopf und wanderte mit den Augen durch das grüne, blühende Dach, um das die schimmernde Wolke stand wie ein einziger Rausch der Liebe.

„Wie wir unser Leben entstellt haben!", dachte er zornig. „Gott und Leben und Liebe! ... Gott in die düsteren Kirchen, das Leben in Sanftmut und Nächstenliebe ... und die Liebe ..." Er lächelte höhnisch. „Das Ganze ist dann ... wie sagen sie ... Veredelung der Menschheit ... und vor dem Haß haben sie Angst, vor der Rache, vor allem, was wild glaubt und lebt und liebt ... und stehen fremd, hochmütig vor dem Baum, dem Gras, dem Tier ... Narre du! sagt der Isegrim, Narre du! ..."

Die weiße Kerbe im Eschenstamm erschien vor seinen Augen, und er wurde blaß vor Grimm, daß die Rache schlief. „Verträumst dein Leben!", murmelte er haßerfüllt. „Und sie gehen umher, der Lump und sein Weib, und lachen deiner ..."

Von ferne klang wieder der Ruf des Kuckucks herüber, wie ein Traumwort des blühenden Waldes, und ein Windhauch lief leise über die Lichtung, daß die Gräser wogten. Da lag er wieder still, mit geschlossenen Augen, bis Elsabe heiß und glücklich vor ihm stand und ihm das volle Körbchen zeigte.

Er stand auf und schüttelte die Nadeln von seinen Kleidern. „Siehst du, Elslein, ist er nicht gut, der Wald?“

Sie blickte ernst in die Runde und dann über die Lichtung hinaus, wo hohe, weiße Wolken, langsam ziehend, in dem grünen Tor des Hochwalds verschwanden. „Hier ja, wo die Beeren reifen“, sagte sie leise. „Aber dorthin möchte ich, wo die Wolken ziehen, aus dem Wald hinaus, wo die Erde frei ist, wo Felder liegen und Straßen und Gärten, über die die Kirchenglocken klingen ...“ Und sie hob die Arme in selbstvergessener, schmerzlicher Bewegung, als stehe sie hinter Gittern und blicke den Schwalben nach.

Sie gingen langsam die Lichtung aufwärts. „Und hier, Elslein, hier klingen keine Kirchenglocken?“

Sie schüttelte den Kopf. „Nur die Raubvögel schreien und der Wald braust ... und ich fürchte mich ... ich fürchte mich ...“

„Wovor denn?“

„Vor dem Wald und vor dem Isegrim und ... vor dir ... So schön könnte der Wald sein, wenn Menschen durch ihn gingen und Wege ... die graue, breite, ruhige Landstraße, auf der die Wagen fahren, wo es immer nach Staub und Leder und Pferden riecht; und die stillen, grünen Wege, an denen das Reh steht, wo die alten Frauen nach Pilzen suchen und die Kinder sich nach Beeren bücken, wo jemand ein Wort herüberruft oder ein Lied herüberklingt, in der Dämmerung, vom Heimatland, oder vom Mühlenrad ... so schön könnte das sein ... Aber nun steht ihr mit euren Büchsen hinterm Busch und seht böse in die Welt hinaus, und mir ist immer ... als könntet ihr ... jemand ermorden, nur weil er in den Wald kommt ...“

„Komm!“, sagte Henner seufzend nach einem langen Schweigen. „Ich will dir etwas zeigen.“

Er verließ den Pfad und schritt zwischen die Stämme hinein. Der Fichtenwald begann, ohne Unterholz, dunkel und kühl. Brennend rote

Pilze leuchteten im Moos, und das Licht tropfte nur in funkelnden Körnern herunter. Eine Ringelnatter verschwand im Wurzelgeflecht, und es war, als müßte das graue Männlein hinten zwischen den Stämmen stehen und traurig winken. Elsabe griff nach Henners Hand, und so gingen sie schweigend in die dämmernde Stille hinein.

Dann standen sie vor einem Fichtenhorst, wild und undurchdringlich, aus dessen Mitte ein riesiger Stamm einsam und gewaltig in den freien Himmelsraum stieg. Henner hob die Zweige auf, und dann folgten sie dem schmalen Pfade, der auf die Blöße führte. Blendend und leuchtend lag die Sonne auf ihr wie in einem feurigen Schacht, als brenne sie sich hier tief in das Herz des Waldes hinein, und große, blaue Glockenblumen standen feierlich und regungslos im knisternden Moose. Henner schob die tiefen, hängenden Äste des Baumes zur Seite und trat mit Elsabe hinein. Leise wehend schlossen sich hinter ihnen die Flügel des Tores, und sie standen wie in einem Tempel. Zwei schwere, moosbewachsene Findlinge waren unter dem Stamm zusammengeschoben und darüber ein dritter, länglicher, viereckiger gelegt, wie eine Bank über zwei schwere Füße. Auf ihr standen zwei flache, runde Schalen, aus Lindenholz geschnitten. In der einen leuchteten rote Waldbeeren, die andere war zur Hälfte mit klarem Wasser gefüllt. Wo die Fugen der Steine zusammenliefen, unter der Mitte der waagerechten Platte, war ein Holzpflock in die Öffnung gestoßen. Daran hing ein Waldhorn, der Griff lederumwickelt und das glänzende Metall leise unter grünlichem Rost erblindend.

„Was ist das?“, flüsterte Elsabe.

„Du glaubtest, daß im Walde keine Glocken klingen“, sagte er ernst, „und daß wir Mörder seien ... Das ist ein Altar, Isegrims Altar, für Franziskus gebaut.“

„Ein ... Altar?“

„Hör’ zu! Keiner sollte es wissen. Ich fand den Isegrim hier. Er wollte böse werden, aber dann hat er es mir gesagt. Franziskus ist gestorben, aber er ist nicht tot. Der Wald kann ihn nicht sterben lassen. Er lebt im Walde, als Teil des Waldes, und wenn der wilde Jäger reitet, reitet er mit. Für den Isegrim ist nur ein Gott in der Welt, das ist der Wald, und ihn zu hüten, wandelt der Tote durch die Wipfel, die Büchse in der Faust. Er braucht nicht Speise und Trank, aber wenn er hier ruht, wo einmal ein Heidengrab gewesen ist, dann sieht er, daß der Isegrim an ihn denkt und kostet von Beeren und Wasser, lächelnd und der Vergangenheit gedenkend ... Das Horn aber, das ist das, auf dem der Isegrim das Halali über das Grab geblasen hat. Und wenn dem Walde Gefahr droht, sagt der Isegrim, daß er untergehen soll oder in Menschenhand fallen und unsre Augen blind sind, dann wird der Tote in der Nacht das Horn an den Mund setzen und rufen, daß der Isegrim erwache, und wenn er auch unter der Erde läge, um die Büchse zu nehmen und den Wald zu retten."

Elsabe fröstelte. „Heiden seid ihr", flüsterte ste erschrocken, „Heiden ... komm fort!" Aber als er sich wendete, nahm sie zaudernd, wie gegen ihren Willen, eine Handvoll Beeren aus ihrem Körbchen und legte sie dann schnell in die weiße Lindenschale. Dann bewegte sie die Lippen wie im Gebet und verließ endlich tiefaufatmend den grünen Tempel.

Schweigend führte Henner sie durch den Wald, der lautlos und sonnenflimmernd sich um sie drängte. Auf einer Wirrnis schmaler Pfade stiegen sie an der Douglastanne vorbei zur Höhe empor und standen endlich vor der Hütte, in der der Isegrim den Vogel bewahrte. „Hier ruh' dich aus!", sagte Henner. „Hier ist der Ort, wo der Wald zum erstenmal zu mir gesprochen hat, und hier will ich dir noch etwas zeigen."

Er verschwand in der Hütte und kam mit dem Vogel im Bauer zurück. „O, ein Star!", rief Elsabe lächelnd. „Weshalb habt ihr ihn gefangen? Du armes Vöglein!"

Henner sah auf den Vogel nieder und pfiff leise vor sich hin. Der Star hob den Kopf und sah mit klugen Augen zu ihm auf. Dann sträubten sich die glänzenden Federn an seiner Kehle, er rückte ein paarmal hin und her, und dann pfiff er laut und ohne zu stocken das Lied von der Macht der Liebe. Als er das „Jesu“ mit unveränderter Sicherheit und Falschheit herausgebracht hatte, lächelte Henner fast schmerzlich und blickte an Elsabe vorbei, die die Hände im Schoß gefaltet hatte und wortlos auf den Vogel starrte. Dann erzählte er ihr die Geschichte, heiter und sorglos, wie man einen Kinderscherz erzählt. „So viel Kummer hat er uns gemacht, der Narre, der kleine!“, schloß er lächelnd.

Sie schlug die Hände vors Gesicht und weinte, lautlos, daß ihre Schultern zuckten. „O wie unglücklich seid ihr alle!“, rief sie schluchzend, voll weher Klage. „Wie unglücklich!“

Mühsam nur beruhigte sie sich. „Willst du ihn haben?“, fragte er endlich leise.

Sie schüttelte den Kopf. Da öffnete er die Türe des Käfigs und setzte den Vogel ins Moos. Er saß unbeweglich, den Kopf hin und her wendend. Dann breitete er plötzlich mit leisem, schrillem Schrei die Flügel aus, taumelte ein paarmal in der Luft hin und her und erhob sich dann über die Lichtung, bis er sich im schwankenden Wipfel einer Birke niederließ. Von dort sang er sein Lied hinunter, verschwand im Walde, kehrte aber immer wieder, nach den beiden Menschen blickend und mit den vertrauten Tönen der Gefangenschaft lockend.

Elsabe hatte den Kopf in die Hand gestützt und sah mit tränenverschleierten Augen zu ihm auf. Leise flüsterte das Birkenlaub vom goldenen Frieden der Sommertage, das Harz tropfte an den Stämmen herunter, in langen, langen Zwischenräumen, in denen die Zeit stillstand und die weiße Wolke und die wipfelverhangene Sonne, als wollte die Erde langsam, langsam einschlafen, um nie mehr zu erwachen.

„Elsabe, komm hierher!“, sagte Henner leise.

Sie stand gehorsam auf und setzte sich neben ihn. Er zog sie zu sich nieder, daß ihr Haupt zwischen seinen Händen in seinem Schoße lag. Sie schlug die Augen groß, wie in Erbarmen, zu ihm auf, und er sah, daß sie sich wieder langsam mit Tränen füllten. „Nicht weinen, Elsabe!“, sagte er ernst, lehnte sich an den Fichtenstamm zurück, an dem er saß, und blickte über sie hinweg in den Himmel hinein. „Hör' mir zu, Kind! Zweierlei hat Franziskus mir vermacht, den Wald und euch. Ich soll euch hüten, Wera vor dem Sterben und dich vor dem Leben. Wera braucht keinen Hüter, denn das Sterben ist kein Leid. Aber das Leben kann ein Leid sein, und dir ist es Leid, scheint es wenigstens so ... du mußtest mich lieben, Elslein, so jung wie du bist und so weich ... ich war der erste Mann, den du sahst. Wäre es ein andrer gewesen, dann hättest du ihn geliebt ... nein, schüttle nicht den Kopf! Du kannst es mir glauben ... Aber ich kann dich nicht lieben ...

Weine nicht! In ein paar Jahren wirst du lächeln über alles ... Ich habe noch keinen Menschen geliebt, auch noch keine Frau ... einmal, vor langen, langen Jahren, stand ich vielleicht dicht davor, aber sie betrog mich, und ich lernte, wie dicht der Haß bei der Liebe steht ... Ich bin dir gut, ich könnte dich vielleicht auch lieben, aber anders als du denkst und darfst ... Einen Sommer lang möchte ich mit dir leben, hier in der Hütte, fern von allen Menschen. Für die Tage müßte ich mein Pferd haben und meine Büchse und Menschen, die uns hassen und nach uns suchen, die meine Kugel treffen könnte, Schlag für Schlag! Aber in den Nächten müßten die Sterne auf unser Lager leuchten und der Gewitterwind in den Wipfeln rühren, bis das Morgenrot uns weckt... So würde uns der Sommer vergehen wie den Tieren des Waldes, über die der Rausch der Seligkeit fällt, fern von Gedanken, Sorgen und Schmerzen ...

Und wenn der Sommer scheidet, dann müßten auch wir scheiden. Meine Augen würden matt sein von deiner Schönheit und Lieblichkeit, mein Herz würde hinausbegehren in die wilde Welt, und ohne eine Träne würde ich von dir gehen ... Du aber würdest sterben, oder die Menschen würden dir fluchen, weil du ihren Gott verraten habest oder das Gesetz oder die Scham, oder wie sie es nennen ... und das würdest du nicht wollen, nicht wahr?"

Ihre Augen sahen unbeweglich, mit rätselhaftem Ausdruck zu ihm empor.

„Elsabe!“, sagte er streng. „Das würdest du nicht wollen!“

Sie schloß langsam die Augen, tief erblaßt. „Nein“, antwortete sie tonlos, „das würde ich nicht wollen ...“

„Und deshalb mußt du fort von hier. Der Wald erdrückt dich, und du gehst zugrunde. Du mußt hinaus, zu deinen Menschen, wo du zu den Füßen deines Gottes sitzen kannst. Und ... wenn ich jemand zu dir führe und sage: Heirate ihn!, dann wirst du ihn heiraten, hörst du?“

„Henner!“, bat sie qualvoll.

„Du wirst ihn heiraten!“, sagte er mit düsterer Entschlossenheit. „Er wird dich vor dem Leben behüten, und ich ... ich kann den Wald behüten, wie mir aufgetragen worden ist.“

Er legte die Hand auf ihre heiße Stirne und strich ihr langsam, regelmäßig, tröstend über die geschlossenen Lider. Sie zuckten unter seinen Fingern, schmerzvoll wie über sich sammelnden Tränen. Endlich, nach langer, langer Zeit, waren sie still, und dann schlief sie ein, leise und gleichmäßig atmend, und er sah gedankenverloren auf das goldene Herz, das über der jungen Brust sich ruhig hob und senkte, wie ein goldner Vogel über der steigenden und fallenden Welle ...

Zwischen Mittag und Abend kam ein leiser, kühlender Wind auf, und die Vögel begannen wieder ihre Lieder, als sie heimkehrten. Sie sahen Weras hohe, dunkle Gestalt langsam vor dem Hause auf- und abgehen, und neben ihr schritt ein Mann, hoch und breit gewachsen, der den Kopf gesenkt hielt und mit ruhigen Handbewegungen ihr etwas erläuterte. Zwischen der riesigen Gestalt und der weichen Sanftheit dieser Bewegungen lag ein Widerspruch, der ein lächelndes Erstaunen als ersten Eindruck hervorrufen mußte.

Es war ein so unerhörtes Vorkommnis, daß die beiden den Schritt anhielten. „Ein Fremder!“, rief Elsabe. „Henner, ein Fremder!“

Er hielt die Hand vor die Augen. „Das ist doch ..“

„Kennst du ihn?“

„Gewiß ... warte ... das ist doch ... gewiß, das ist Lenze! Vor vielen Jahren Lehrer an der Kriegsschule, Peter Lenze, genannt der eiserne

Peter ... schade, Elslein, das ist wieder nichts für dich ... Nein, mach' nicht so ein Gesicht! So eilig hab' ich's ja nicht mit dir."

Als sie den Rasenplatz betraten, stockte ihr Fuß zum zweiten Male, denn Wera lächelte. Nicht mühsam und schmerzlich, sondern heiter, fast glücklich. Sie sah die Ankommenden und berührte Lenze, der ihnen den Rücken zukehrte, freundlich unterbrechend mit der Hand. „Da sind sie, Herr Lenze!"

Der eiserne Peter drehte sich langsam um. Seine rechte Hand war noch in einer andeutenden Bewegung begriffen. Er hielt sie einen Augenblick lang unbeweglich, dann legte er sie auf die Brust, verneigte sich und erwartete die Herankommenden, lächelnd, ohne zu sprechen.

Henner zögerte, als habe er sich getäuscht. „Nachher, Wittich!", sagte Lenze. „Ich freue mich!" Er reichte ihm die Hand. „Und das ist Fräulein Elsabe, ja?" Er reichte auch ihr die Hand, die sie zögernd, mit fröhlichem Erstaunen nahm. Seine blauen, immer fragenden Augen und seine Stimme waren von einer so befremdenden, fast ergreifenden Sanftheit, daß man versucht war, über die widersprechende Gestalt zu lächeln wie über ein Kind, das an einem schweren, schwarzen Flügel sitzt. Bis es mit den schwachen Händen einen sanften, reinen Akkord anschlägt und lauschend den Kopf darüber neigt, sodaß das Lächeln sicl. in leise Wehmut verwandelt.

„Und das ist der eiserne Peter?", sagte Henner verblüfft.

„Der ehemalige, Wittich, der ehemalige! ... Ich freue mich!", wiederholte er. „Es wird so viel Böses von Ihnen gesprochen hinter dem See, daß ich kommen mußte."

„Böses? Das glaub' ich! Was hätte die Kanaille sonst zu tun?"

„Ja, Sie sind noch derselbe", sagte Lenze und sah ihm nachdenklich in die Augen. „Wenn der Wald rauscht, ist das böse? Er muß es. Und wenn die Menschen schlecht sprechen, ist das böse? Sie müssen es."

Sie stiegen langsam zur hohen Lindenlaube an der Seeseite des Hauses empor. „Hast du dich nicht erschreckt, Wera?“, fragte Henner. Sie schüttelte den Kopf. „Ich saß hier, als Herr Lenze über den See kam. Es dauerte eine Stunde, wo der Isegrim fünf Minuten braucht. Das Wasser und die Wolken, die Sonne und die Libellen hielten ihn sehr auf. Das sah so beruhigend aus. Und als er über dem Ufer auftauchte, sang eine Grasmücke im Garten, und er mußte ihr sehr, sehr lange zuhören. Das war noch beruhigender.“

Peter lächelte. „Ja, ich habe so viel Zeit ... Wir sind jetzt Nachbarn, Wittich! Mein älterer Bruder ist gefallen, und ich muß jetzt wirtschaften. Sie kennen das Gut, eine halbe Stunde hinter der Stadt, nach der großen Fähre zu.“

„Landwirt sind Sie auch noch?“

„Ach nein ... Landwirt ist mein alter Inspektor ... Ich darf nur ab und zu säen und pflügen, weil das so schön ist. Es kommt gleich hinter Gott ... Aber wenn ich sage: ‚Hier wollen wir also Roggen säen‘, dann sagt er: ‚Nee, nee, Herr Hauptmann, das möcht’ ja ganz schön aussehen, aber hier kommen Kartoffeln!‘ Na, und dann kommen da eben Kartoffeln, weil er das besser versteht. Unsereiner weiß ja so wenig, fast nichts ... Was verstehen wir denn anders als Kinder zu sein und zu spielen?“

Sie sahen ihn alle an. Nichts, was er sagte, war besonders bedeutend oder auch nur geistreich, aber alles war so, als ob man es vor langen, langen Jahren zum letzten Male gehört hätte, als man Kind gewesen war und mit dem Herzen gesprochen hatte statt mit den Lippen. Man konnte sich nicht vorstellen, daß seine Augen abweisend blicken könnten oder gar hart und feindlich, daß seine Lippen sich in Bitterkeit oder Spott zusammenziehen könnten. Mit einer warmen, unbefangenen Zärtlichkeit sah er auf alles, auf die Lindenwipfel, auf die vorübertaumelnden Schmetterlinge und auf die Menschen, die ihn umgaben, als sei nicht der geringste Unterschied zwischen ihnen. Er sah niemals überrascht aus, niemals verwundert. Er hatte jedes Wort erwartet, das man zu ihm sprach, jeden Blick, der ihn traf, und wenn die Linden aufrauschten, sah er glücklich hinauf, als wenn er sprechen wollte: „Seht ihr, das ist recht von euch! Wie gut ihr doch seid!"

„Aber was ist denn mit Ihnen?", fragte Henner endlich unruhig. „Ich kenne Sie nicht mehr! Sie sind ein anderer Mensch!"

„Ja, man muß einmal anders werden ... das ist das Glück der Wiedergeburt, von dem die Bibel der Menschen spricht ... Es gibt so viel, was uns anders machen kann, wenn wir nur nicht immer alles verstehen wollten ... Die Liebe zum Beispiel ... was kann aus einer Frau nicht alles durch die Liebe werden! Oder durch Kinder ... oder durch den Tod, wenn wir nicht Angst vor ihm hätten ... Ich bin auch anders geworden ... Ich weiß, daß Sie sehr erstaunt sind. Ich schlage manchmal mein Leben von früher auf: Es ist ein fremdes Buch. Ein andrer hat es geschrieben. Der Stil ist anders, die Augen, das Herz, ein ganz andrer Mensch ... wie wenn der Wind im Espenwald wühlt und der ganze Wald ist silbergrau von der Unterseite der Blätter ...

Ich hieß der Eiserne" – er sah die Schwestern an – „und ich war es auch, gegen Mensch und Tier und Welt. Ich mußte leben wie der Sturm. Was mit mir flog, trug ich. Was nicht wollte, mußte brechen. Mithassen, das konnte ich. Mitfreuen, das ging auch noch, aber mitleiden, nein, das konnte ich nicht ... Ich sah Menschen und Dinge nur wie aus einem Schnellzug. Ich streckte die Hände aus und griff: Da hatte ich es schon, und schon war es fort, weit hinter mir. Aber das schadete nichts, denn der Zug raste immer weiter.

Die Jahre flogen. Die Leute wurden alle so schnell alt, müde, verbraucht. Das war so komisch ... ich mußte immer lachen ... ich lachte meistens auch, wenn einer starb, der eben noch mit mir im Schnellzug gefahren war ... Und erst im Kriege! Der ganze Krieg bestand nur aus Lachen! Jetzt hatte ich erst das richtige Tempo gefunden! Und der Mann in der Lokomotive hatte den Verstand verloren ... Wir rasten durch die Welt. Andre stürben, oder weinten, oder wurden verrückt ... ich fand alles sehr komisch und lachte aus Herzensgrund ...

Bis zu jenem Tage ... Es war Angriff, und ein Offizier schoß mich durch den Leib. Ich fiel, und ein Granatsplitter zerriß ihm das Bein.

Ich hatte Schmerzen, sehr große Schmerzen, aber ich schleppte mich näher zu ihm und schoß ihm meine letzte Kugel durch den Kopf. Er hob die Hände flehend auf, aber ich lachte ... Lachend verlor ich die Besinnung ...

Und dann kam das Wunder ... Als ich erwachte, war es Mittagszeit. Ich schlug die Augen auf und sah in eine weiße Wolke, die ruhig und schön über mir durch den blauen Himmel zog, ganz langsam. Sie hatte goldne Ränder, und zwei Kraniche flogen durch Rand und Wolke über mich in den hohen Himmel hinein, dorthin wo meine Augen ihnen folgen konnten ... Ich dachte nichts in diesem Augenblick. Ich sah nur die sehnsüchtig gestreckten Körper, die hoch über mich hin einem fernen Ziele zueilten, ohne Hast, ohne Unsicherheit, ohne Zweifel, der Wolke gleich, deren goldne Ränder sie geschnitten hatten, ohne sie zu verletzen.

Ich schloß die Augen, weil das Herz mir schwer zu schlagen begann. Im Dunkel der geschlossenen Lider sah ich das Nachbild der Wolke und der beiden Vögel, die zwischen feierlich entstehenden und vergehenden purpurnen Kreisen ihre Bahn zogen ... Als ich die Augen wieder öffnete, sah ich mühsam zur Seite. Ich sah die graue, zerwühlte Erde, mit verbrannten Flecken, deren Ränder von dem Explosionsdampf der Granaten schillerten, und ich sah den Toten ... Eine Nacht war vergangen und ein halber Tag. Sein Gesicht war grau, und die gebrochenen Augen, von den Lidern halb bedeckt, sahen starr, wie in Schmerzen erblindet, in den Himmel hinauf. Ein Blutstropfen hing wie erfroren an dem Rande der kleinen Wunde, und um den Mund war eine ganz feine Linie des Schmerzes stehengeblieben, als sei der Sterbende nicht fertig geworden, sie auszulöschen ... Er war jung, sehr jung, und eine kindliche Trauer lag anklagend auf seinen Zügen ... Ich dachte an seine Mutter, die in den langen Nächten auf ihn wartete, wo der Wind wehklagend um das Haus ging; an seinen Vater, der mit dem Stock in den Händen auf der Bank vor der Türe saß und auf die Post wartete; an die Schwestern, die von den letzten Urlaubstagen träumten, die er bei ihnen verlebt hatte ... Und wieder sah ich der weißen

Wolke nach, die ein Stückchen abwärtsgeflossen war, und ganz hinten, in der weiten Ferne, sah ich die beiden Vögel, die im Himmelsblau verschwammen ...

Ein Maschinengewehr schrie beim Feinde auf, heiser und haßerfüllt, und die flüsternde Garbe fegte heiß, glühend über mich dahin ... ‚Wenn du dort oben flögest‘, dachte ich müde, ‚und könntest hinunterblicken auf dies alles hier, in dieser grauen, verbrannten Öde, aus der es aufbrüllt, heiser und todsuchend ... du würdest die goldnen Kuppeln der Herbstbäume sehen, hinter den Fronten, die Flüsse und Wiesen und das silberne Gespinst der Marienseide darüber hin ... was würdest du denken? Wie würde dir sein?‘ ... Ich wollte lächeln, halb aus alter Gewohnheit, halb aus neuem Erstaunen heraus; meine Mundwinkel verzogen sich wohl gehorsam, aber plötzlich fühlte ich in wehem und doch fast süßem Erschrecken, daß ein Strom von Tränen aus meinen Augen brach und an meinen Wangen herniederstürzte. Ich wollte die Hände falten, die Arme erheben ... ich konnte es nicht. Mein Körper war gelähmt. Und alles, was ich konnte, war, daß ich schluchzend flüsterte: ‚Mein Gott! Mein Gott!‘ ... Ich dachte nicht an den Gott, zu dem ich einst beten gelernt hatte, es war nur ein Ruf, der ohne Widerstand aus dem Herzen emporstieg, wie der Ruf ‚Mutter!‘ in der Kinderzeit, unbewußt, triebhaft, wie das Tier in der Todesnot ... Dann verlor ich wieder das Bewußtsein ...

Als ich erwachte, brüllten die Geschütze rechts und links von mir. Kaum kam mir zum Bewußtsein, daß ich zwischen beiden Linien lag, denn etwas Neues, Unerhörtes stand über mir: Über mir leuchteten die Sterne! Mitunter zog verhüllend der Rauch der Granaten und der Minen zwischen mir und ihnen dahin. Aber die Sterne und ich lächelten einander zu. Ich hatte noch niemals die Sterne gesehen, so wenig wie die Wolke oder wie die Kraniche. Nun standen sie da oben wie Götterbilder. Das Mündungsfeuer der Geschütze zuckte auf, mit bösem, plötzlich versinkendem Licht, den ganzen Horizont entlang, und die großen, glühenden Vögel brausten mit gellendem Flügelschlag über mich hin. Ich achtete ihrer nicht, denn ich sah die Sterne. Eine unendliche, für mich überwältigende Ruhe floß von ihnen hernieder, und regungslos trank ich das silberne, sanfte Leuchten, das sie über mich verströmten ... Ich dachte nicht an den Tod, auch nicht, ob sie mich finden würden, Freund oder Feind, ob ich noch einmal aufrecht über die Erde gehen würde ... ich konnte nicht an mich selbst wie an etwas Vertrautes denken ... Ich war gestorben, und ein neuer Mensch hielt meine Seele, meine ruhige, lächelnde Seele, die so viel Zeit hatte, so viel Zeit ... und die wieder entschlief, wunschlos, glückselig, zu den Füßen Gottes ..."

Elsabe seufzte auf, schwer, wie in plötzlichem Erwachen, und wie auf leisen Befehl blickten Henner und sie einander an.

„Zu den Füßen Gottes ...", wiederholte sie ergriffen.

„Ja, so war es", fuhr Lenze leise fort. „Drei Tage und drei Nächte lag ich so. Dann ging unser Angriff über mich fort. Der Qualm der Schlacht lag grau und schwer über der Erde, und ich sah durch einen Schleier graue, vorwärtsschnellende Gestalten – ich sah die Bajonette blitzen und die roten, auseinanderspritzenden Flammentrichter des Sperrfeuers ... Dann fanden mich die Krankenträger. Sie erkannten an meinen Augen, die ihnen gleichgültig folgten, daß ich lebte ... Ich fühlte keine Freude. Ich mußte Abschied nehmen von der Wolke und von den Sternen, aber ich konnte mich nicht wehren ... Ich wurde wieder gesund und ging noch einmal in den Krieg, nicht widerwillig, denn das Pflichtbewußtsein war nicht gestorben, aber auch nicht gern ... so wie man zu einem Begräbnis geht. Und jetzt sah ich, wie schwer der Krieg war, wie bitter, bitter schwer ...

Dann aber zog ich den Waffenrock aus und fing von neuem an, als ein Kind. Die Hälfte meines Lebens war fort, nicht gelebt, wie im Starrkrampf verbracht ... Jetzt fange ich an, wo ich damals als Kind aufgehört hatte, langsam und lächelnd ... ich habe ja so viel Zeit in einem Tage wie früher nicht in einem Jahre ... Und alles ist so neu und schön ... die Menschen, der Wald, die Grasmücke, die Sonne ... alles Wunder über Wunder ... und ich sitze nur still zu Gottes Füßen wie damals und lausche und schaue, immerzu ..."

„Und werden Sie immer nur schauen und lauschen?", fragte Henner.

„Nein ... sehen Sie, wenn ein Kind zum erstenmal in den leuchtenden Sonnenschein tritt, so steht es geblendet, eine ganze Weile lang. Aber dann fängt es an, mit den Sonnenstrahlen zu spielen, nach ihnen zu haschen, sie aufzufangen mit beiden Händen und den Geschwistern zu zeigen ... und am Abend, dann läuft es übers Feld, durch Tal und Hügel, um den Ort zu finden, wo die Sonne untergeht ... Sehen Sie, so ist es vielleicht mit mir. Noch stehe ich vor dem Wunder, aber über Jahr und Tag werde ich vielleicht die Hände ausbreiten, um das Gold und den Glanz zu fangen und zu meinen Brüdern und Schwestern zu gehen ... und dann werde ich vielleicht eilen, um den Hügel zu finden, hinter dem sie untergeht ... ich habe ja Zeit, so viel Zeit ..."

„Wollen Sie nicht Pfarrer werden?", fragte Elsabe mit heißen Wangen.

Er schüttelte sanft den Kopf. „Ach nein, Fräulein Elsabe, ich glaube ja nicht an Gott!"

„Was? Sie... Sie glauben...?" Sie erblaßte und faltete flehend die Hände.

„Nein, ich glaube nicht an den Gott, der in den Kirchen gelehrt wird ... Das ist nicht der, zu dessen Füßen ich damals lag ... Ich weiß nicht, wie mein Gott ist oder wie ich ihn auch nur nennen soll. Ich weiß nur, daß die Welt schön ist und daß ich sie liebe."

„Vielleicht wohnt Ihr Gott auch im Walde wie der des Isegrim?", sagte Henner.

„Nein! Fräulein Wera hat mir das erklärt, Ihren Gott ... Sie sind alle arm ... Isegrims Gott und der Ihrige wahrscheinlich, das ist ... wie soll ich sagen ... das ist der grüne Gott, wenn man ihn so nennen darf, der Gott des Waldes und der Tiere, der Gott der Wipfel und des Grases ... Und Ihr Gott, Fräulein Elsabe, das ist der Gott der Menschen, der weiße Gott, der für das Tier kein Herz hat und für die Wolke keins und für die Apfelblüte keins, so wie der Gott des Isegrim kein Herz hat für die Menschen ... Und deshalb sind Sie alle arm, weil Sie Gott und Welt nur durch eine farbige Glasplatte sehen ... Ich will nicht sagen, daß ich den ganzen, wahren, einzigen Gott habe, aber ich sehe ihn überall, wo Sie ihn sehen und auch dort, wo Sie ihn nicht sehen ... auch bei der kranken, verirrten, haßvollen Menschheit, auch bei der Kanaille, Wittich. Und ich spreche mit den Menschen wie mit den Tieren und Wolken, mit allen Menschen, denn alle habe ich lieb ..."

„Und die Menschen, was antworten sie?"

„Sie lachen oft. Manchmal lächeln sie nur wie Sie jetzt. Manchmal werden Sie traurig wie Fräulein Elsabe, als rufe die Mutter aus dem Grabe nach ihnen und sie dürfen nicht hin."

„Aber nein!", sagte Elsabe leidenschaftlich und legte die Hände auf seinen Arm. „Sie müssen an Gott glauben und an Christus! Sie müssen das tun!"

Er streichelte ihr zärtlich die Hände. „In Ihrem Buch steht geschrieben, Fräulein Elsabe: In meines Vaters Hause sind viele Wohnungen! Müssen wir denn in derselben wohnen? Gibt es nicht Fenster, durch die man sich zuwinkt? Gibt es nicht Türen, durch die man ein- und ausgehen kann? Und ist es nicht schon freundlich und schön, wenn dasselbe Dach sich über uns breitet? Ist Ihre Hand nicht schön, auch wenn sie nicht so ist wie meiner Mutter Hand?"

Er sprach langsam und zärtlich, und das sanfte Licht seiner Augen stand so still und feierlich über seinem Gesicht wie regungslose Kerzen in einer weichen, windstillen Sommernacht.

Wera hatte den Kopf in die Hand gestützt und sah ihn liebevoll an. „Sie sind anders als ich", sagte sie nachdenklich. „Ganz anders! Wie aus einer fremden Welt ... Aber ich freue mich, daß Sie gekommen sind. Wenn ich stürbe, würde ich Ihnen das Kostbarste geben, was ich hätte, und dann würde ich lächelnd die Augen schließen können."

„Ich bin ja auch nur ein Mensch, Fräulein Wera", sagte er bekümmert.

„Das weiß ich ... aber vor ein paar Wochen sprachen wir hier einmal davon, was köstlich sei. Es müsse jenseits von unsrer Welt liegen, sagten wir ... Aber ich weiß nicht mehr, ob das richtig ist."

„Ich kenne kein Jenseits", antwortete er leise. „Nichts was köstlicher sein könnte als das Diesseits."

Dann schwiegen sie. Langsam versank die Sonne in den Wäldern hinter dem See. „Darf ich einmal wiederkommen, Wittich, und in Ihren Wald gehen?", fragte Lenze träumerisch.

„So oft Sie wollen, obgleich ich es nicht erlauben dürfte."

„Sie sind ein Hohepriester, Wittich. Sie haben ein Allerheiligstes, von dem Sie die Welt zurückscheuchen und in dem Sie opfern ... Es ist ein schweres Amt, und oft wird mit Herzblut geopfert!"

„Ich bin kein Priester!", sagte Henner, und sein Gesicht verdüsterte sich.

„Doch, Sie sind einer! Sie ringen mit Ihrem Gott, und wenn die Welt in Ihr Allerheiligstes dringen will, wird sie den Priester vielleicht steinigen."

„Ich werde steinigen!", murmelte er finster.

„Beides ist traurig ... im Heiligtum soll es keine Steine geben, nicht einmal Opfersteine."

Er stand auf. „Lebt wohl!", sagte er herzlich, mit leiser Trauer in seiner Stimme. „Ich will euch gerne wiedersehen."

Als sie an den Booten standen, floß eine matte Goldbrücke zum Walde hinüber. „Wir geben Ihnen noch das Geleit", sagte Elsabe und sah bittend auf Henner und Wera. So fuhren sie in zwei Booten ab, langsam, nur hin und wieder die Ruder eintauchend wie in träumerischem Spiel. Das Abendrot wuchs aus den Wipfeln empor und sah feierlich über Wasser und Erde. Die Dämmerung ging wie ein sanfter, müder Tod durch ein weites Sterbezimmer. Gottes Hände strichen sanft über die geschlossenen Lider, und zu Häupten des Toten stieg an blauen Kandelabern die stille Flamme goldner Kerzen in feierlichem Glänzen über der Erde empor.

Schweigend hob Peter Lenze die Hand zum Abschied. Zwischen Wasser und Himmel tauchte sein Boot in die dunkelnde Ferne, und lange nachdem es verschwunden war, klang noch leise aber klar sein Gesang zurück, als wende er sich noch einmal an den Pforten der Ewigkeit und blicke lächelnd zurück über die schöne, weite Welt:

„Abendlich schon rauscht der Wald
Aus den tiefen Gründen,
Droben wird der Herr nun bald
An die Sterne zünden,
Wie so stille in den Schlünden
Abendlich nun rauscht der Wald.

Alles geht zu seiner Ruh',
Wald und Welt versausen,
Schauernd hört der Wandrer zu,
Sehnt sich recht nach Hause,
Hier in Waldes grüner Klause,
Herz, geh endlich auch zur Ruh'!"

Fünftes Kapitel

Der grüne Gott

Tag und Nacht zogen die schweren Sommergewitter über das Land. Wenn sie jenseits des Sees sich auftürmten und drohend zusammenballten, warfen sie ihr fahles, böses Licht herüber und starrten mit finsteren, haßerfüllten Augen auf das Haus am Ufer. Hinter dem jenseitigen Uferwald fuhren die erzenen Schlünde auf, leise dröhnend, dicht nebeneinander, von weither heranrollend und in drohendem Schweigen verharrend, bis der erste Blitz blau und schneidend über die Wipfel sprang, der heiße Atem sengend über das Wasser fuhr und es hinter dem Walde aufbrüllte, den Horizont entlang und wieder zurück, und in hohlem Sausen erstarb.

Regen brach hernieder, in schweren, warmen Fluten, aber er brachte keine Kühlung, und Nacht für Nacht irrten die blauen, fernen Flammen die Wälder hinauf und hinunter. Suchend lief es über Himmel und Erde. Es tastete über das Wasser des Sees, bis tief in das regungslose Rohr hinein; es leuchtete zwischen den Stämmen hindurch, wo die Tiere des Waldes angstvoll standen; es warf die blassen Fackeln bis in den Grund der Schluchten, wo die Gräser leise bebten; es fuhr mit fahlen Kerzen bis in die dunklen Ecken des Hauses, wo die Menschen die Augen schlossen. Es glitt wie ein blindes Wesen durch fremde, schweigende Straßen, an Menschen und Häusern auf und ab tastend, als suche es den einen Menschen und das eine Haus, wo es zur Ruhe kommen könnte.

Schwer und mühsam wurde der Schlaf den Menschen. Mitten in der leuchtenden Nacht schlug der Isegrim an Henners Tür: „Hauptmann! Die Rache schläft!"

Henner zuckte zusammen und ballte die Faust. „Die Beweise, Isegrim? Wir müssen warten!"

„Hauptmann! Die Kerbe im Eschenstamm!"

Dann glitt er fort, unhörbar, in den Wald hinein, wo der Blutplatz war, den er umschlich. In der Mittagsglut kroch er ins Dickicht, legte den Kopf zwischen schattenkühle Wurzeln und schlief, leise und scheu, die Hand an der Büchse, im Schlafe noch vertraut mit jedem Laut des Waldes, aber jäh, geräuschlos aufzuckend, wenn ein dürres Ästchen knickte unter den Schalen des ziehenden Wildes.

Peter Lenze kam bei Sonne, bei Regen und Gewitterlicht. Die stillen Kerzen in seinen Augen wurden heller mit jedem Tage. „O wie sie schön ist, die Welt! Seht ihr, wie schön sie ist?", rief er in seligem Glück. Elsabe führte ihn durch den Wald, und er führte ihre Seele, so daß die Schauer der Wildnis langsam von ihr wichen, als schritte sie an Vaters Hand über die finstere Erde. Fuhr er heim und sahen sie ihm nach vom hohen Ufer, so wollte ihnen bang zumute werden, als könnte er eins werden mit der Gewitterwolke oder dem schweigenden Walde und nie mehr wiederkehren.

Nur Henner ließ sein Wesen lächelnd an sich vorbeigleiten. „Der Mann ist gestorben", sagte er milde, „und das Kind ist wieder auferstanden in ihm." Wera schwieg, und Elsabe lächelte vor sich hin.

Henner aber schlugen die Gewitterflammen ins Blut, und der Mahnruf des Isegrim trieb ihn durch die Wälder. Mit dem kurzen Jagdspieß suchte er den Keiler auf in der Dickung am Moor, aber das Wild verschwand im niedergebrochenen Wald und stellte sich nicht zum Kampf, und zornig stieß er den Speer in das Moos. Er kletterte zum Adlerhorst empor, mühsam sich anklammernd an den weißgefleckten Stamm und die Faust über den Horstrand nach den Jungen streckend. Aber sie flatterten schon taumelnd von Ast zu Ast, und die Alten kreisten wild und höhnisch über ihm durch die Wipfel. Tag und Nacht schlich er hinter dem Kronenhirsch her, der im Roten Bruch stand und ihm von fern die weißen Enden wies. Und als er ihm endlich bei sinkender

Nacht die Kugel gegeben hatte, stieß er keinen Schrei aus wie damals an der Seewiese, sondern ließ sich erschöpft auf dem verendeten Wild nieder und stützte grübelnd den Kopf in die Hände.

Noch immer rang er um die Seele des Waldes. Noch war er nicht Bruder, und nicht mehr war er Herr. Und Haß wollte in ihm aufkeimen gegen die grüne, hohe Welt der Wipfel, zu denen er die Arme hob und die ihm das Blut aus dem Herzen tranken. Haß, der aus unerwiderter Liebe emporstieg und der in Glückseligkeit sich ergossen hätte, wenn die Wipfel gerauscht hätten: „Komm! Sei unser Bruder!"

Das Blut des alten Geschlechtes wurde lebendig. Da war einer, der sich hatte losreißen wollen vom Urgrund der Erde, die getränkt war vom Schritt der Vorfahren; der die Fäden hatte zerschneiden wollen, die in die Jahrhunderte zurückliefen; der gesagt hatte: „Ich bin ich und nur ich allein!" Da war der Zauber der Tiefe erwacht und grub und wühlte sich durch Mark und Bein, heimlich, süß und schmerzenvoll.

Wieder saß er unter der Douglastanne und sah den Gabelweih in jähem Sturze in die Wipfel fallen vor den ersten Blitzen, die fern unten in die Kronen schlugen. Das schwarze Gewölk war über den See herübergebrochen und fiel schwer und lastend über den Wald herein. Die obersten Wolkensäume zu seinen Häupten glühten vom Widerschein fließenden Feuers. Hohl und schauerlich klang das Sausen fernen Hagels aus gelbem Wolkenband, und in starrer Lähmung stand der Wald, mit weit geöffneten Augen den ersten Schlag erwartend. Bis über ihm die schwarze Wolke dröhnend wie ein Gewölbe auseinanderbrach und die weiße Glut in gezacktem Strahl in einen trocknen Fichtenwipfel niederschmetterte, sodaß die weißen Späne durch das Tal spritzten und die rote Lohe aufschoß und wie eine glühende Säule über dem Walde stand. Grell herunterknatternd und lang nachhallend, mit schweren, metallischen Schlägen, dröhnte der Donner über Berg und Tal, lief zurück und rollte ferner, wie schwere Kugeln über geneigte Erzplatten, daß die Wipfel schwankten und die Stämme in den Wurzeln erbebten.

Langsam stieg das Gewitter den Hügel hinauf und verdröhnte hinter Henner im aufbrausenden Walde. Ganz plötzlich, mit erschreckender Schnelligkeit, verblaßten die Wolken zu fahlem Grau, und schwer und rauschend stieg die Wand des fallenden Regens von unten her über die Birkenwipfel herauf. Der Wald seufzte auf, tief und erlöst von lähmendem Entsetzen, und mit warmem Brausen schlug die Flut des Regens durch die verschleierten Wipfel in die duftende Erde hinein. Himmel, Wald und Erde versanken ineinander. Ein einziges glückseliges Flüstern lief durch Laub und Nadeln. Die Gräser standen auf, das Moos erhob sich, wie von unterirdischen Händen gehoben, betäubend stieg der Duft aus Laub und Erde empor, und lächelnd, jenseits von Sorge und Angst, blickte der Wald über die dampfenden Täler, senkte die Wurzeln tiefer in das Dunkel der Erde, schüttelte spielend die Tropfen aus dem Haar und hob in neuem, jubelndem Schaffen seine Kronen höher in den Himmel hinein.

An den Stamm der Tanne gelehnt, blickte Henner in den Regen hinaus. Die Tropfen fielen in sein Haar und liefen an seinen Wangen hinunter. Der Atem der Kühle durchbebte ihn wie den jungen Baum im ersten Laube. Der Dampf der Taler durchtränkte ihn wie mit heiligem Weihrauch. Das Leben der Erde drängte sich mit warmem Klopfen an sein Herz. Er legte die Kleider ab und warf sich ins Moos. Seine Hände streichelten liebkosend über das feuchte Gras, das sanft zwischen seinen Fingern hindurchglitt; sein Ohr drängte sich an die Rinde des Baumes und lauschte auf den Herzschlag des fremden Lebens; seine Glieder, vom Regen gebadet, schmiegten sich in das weichende Moos, das den Leib der Erde verhüllte.

„Was rauscht ihr? Sagt, was rauscht ihr?“, flüsterte er zu den Wipfeln hinauf. „Was schlägt dein Herz?“, sprach er zum Baum. Er neigte sich über die Gräser und drückte seine Lippen auf die duftende Erde. „Hört ihr nicht?“, flüsterte er wie im Fieber. „Hört ihr nicht, daß ich euch liebe? Ihr meine Brüder und Schwestern? Wollt ihr mich nicht einlassen in euer Heiligtum? Wollt ihr mich nicht wiederlieben?“ Tränen brachen aus seinen Augen, wild und übermächtig, vergessene, brennende Tränen, schmerzlich aus steinernem Herzen geboren, strömten an seinen Wangen hernieder und vermischten sich mit den Regentropfen, die kühl und fremd an seinem Körper herunterglitten. Ein grenzenloses Weh durchschnitt seine Seele. Stimmen einer dunklen, kaum geahnten Tiefe durchklangen ihn, rufend, klagend, Stimmen, die ein verschleiertes Wort enthielten, sich mühten, es zu stammeln, und ohnmächtig zurücksanken. Stimmen des Waldes oder der Erde oder vergangener Menschen; aus Zeiten, wo der Mensch ein Kind der Erde war, ein Bruder des Waldes, wachsend und webend wie der Baum, der mit uralten Wurzeln in die Tiefe stieg.

Unerbittlich stand die eherne Bedeutung der Stunde vor seiner Seele. Alles Leid versank, vergangenes und kommendes, vor der Erkenntnis, daß eine Stelle in seinem Leben war, wo er bis ins Mark getroffen werden konnte. Ohne Pferd, ohne Büchse könnte man leben, wenn man müßte. Vielleicht auch ohne König. Aber ohne dies konnte man nicht leben, ohne den Atem der Erde, ohne das Rauschen des grünen Gottes. Die Worte des Traumes standen auf wie mit fernen Posaunenklängen: „Wo ist Gott? Im Walde! Im Walde!“

Leid und Haß der Zeit berührten ihn nicht mehr. Wesenlos war der Wald als Besitz, als Gut, als Macht. Aber Gott lebte in ihm, sein Gott, der Gott seiner Erde. Er kniete an den Stufen eines Tempels, der nur für ihn gebaut war, in dem nur sein Gott lebte. Sein Gott aber verstieß ihn, er blickte lächelnd über ihn hinweg. Und man konnte nicht leben ohne diesen Gott. Zum ersten Male, schien ihm, geschah es, daß man etwas nicht konnte, daß man in Qual und Ohnmacht sich verzehrte.

Er weinte, lange, bitterlich, verzweifelt. Ferne rauschten die Wipfel, gleichmütig, achtlos, mitleidlos. Die fallenden Tropfen klangen im Laube, von Stufe zu Stufe, sorglos, fröhlich. Die Erde dampfte, um unsichtbare, schweigende Altäre, und unbekannte Götter zogen den Opferrauch zu sich empor, über die Wohnungen der Menschen hinaus, zu fremden Höhen.

Leise zogen sich die grauen Vorhänge vor blauen Himmelsfenstern zurück. Ein warmer, weithin sich breitender Windstoß riß eine leuchtende Bahn über den Himmel, und in berauschendem Glanze warf sich die Sonne mit goldenen Strömen über die blitzende, funkelnde Welt.

Da stand Henner auf. Er faßte mit hartem Griff die Äste der Tanne, daß eine Flut von Tropfen ihn überschüttete und schleuderte sie zur Seite. Dann stand er im Sonnenglanz über dem Meer der Wipfel. Trocken und brennend blickten seine Augen über den Wald. „Du hast mich verstoßen", sagte er hart. „So will ich dein Herr sein, und Leben und Tod von dir liegt in meiner Hand!" Er bückte sich nach seiner Büchse und hob den Lauf zur Sonne hinauf. Der Feuerstrahl brach aus der Mündung, und Henner war es, als sehe er das Geschoß glühend, in rasender, gekrümmter Bahn unter der Sonne fort über den Wald jagen und fern hinter den letzten Wipfeln zur Erde niederfallen. Er starrte ihm nach, vorgebeugt, wie zum Sprunge gespannt. Dann ließ er die Büchse sinken und drückte den dunklen Lauf an sein Herz. „So bin ich Herr über euch!", sagte er langsam und blickte zur Erde nieder.

Er legte die Kleider wieder an und ging tiefer in den Wald hinein, am Eschenstamm vorbei, in dessen weißer Narbe die Regentropfen schimmerten, und dann im weiten Bogen zum Waldesrande, wo Samels Haus in der Abendsonne leuchtete. Der Feldgraue trat vor das Tor, blickte nach den Wolken am Horizont, in denen es noch immer drohend murrte, und schritt dann langsam den Weg hinunter, der sich in der Ferne zwischen kornbedeckten Höhen verlor. Unbeweglich sah ihm Henner nach, solange seine Augen ihn festhalten konnten. Dann wandte er sich mit bösem Lächeln und ging in den Wald zurück.

Am Rande des Fichtenhorstes, in dem der Pfad nach der Seewiese begann, legte er sich zwischen die Farnkräuter, die ihren eignen, schattigen Wald bildeten, lehnte den Kopf an eine Eichenwurzel und blickte zwischen den hohen, grünen Stengeln in den freien Grund des Hochwaldes hinaus.

Die Kühle war verflogen. Die Sonne stach, und hinter dem Walde wurde das dumpfe Drohen nicht still. Er spürte die Feuchtigkeit der

Erde nicht. In der Krone der Eiche sang ein Pirol das Lied, das nach der verlorenen Melodie suchte, die er im Paradiese gesungen hatte und die er nicht wiederfand. Goldkäfer summten über die Farnwedel, und leise schwangen die Wipfel, in banger Unruhe vor dem wiederkehrenden Gewitter.

Eine Stunde verging und noch eine. Die Sonne sank, aber die Schwüle floß langsam an den Stämmen herunter und breitete sich beklemmend über den Boden des Waldes. Der Wind erstarb, und regungslos standen die hohen Grashalme am Fuße der Bäume. Henner wartete.

Und dann hörte er das leise, gedämpfte Knicken eines trockenen Astes und das flüsternde Streichen eines Zweiges im Fichtenhorst. Eine grausame Freude flog wie Wetterleuchten über sein Gesicht und erstarb, kaum entstanden. Die Trude trat aus dem Fichtenhorst. Das Haar hing ihr schwer und feucht um das erhitzte Gesicht, das nasse Kleid lag dicht an ihrem Körper. Der Korb, den sie trug, war mit Pilzen gefüllt.

Sie wollte an den Farnkräutern vorbei, in denen noch die Tropfen standen, und blickte spähend durch den Wald. Da hob Henner die Hand. Sie blieb stehen, regungslos, erstarrt. Er betrachtete sie durch die Blätter hindurch, vom Kopf bis zu den Füßen, ohne Freundlichkeit und ohne Zorn. „Kehr' um!", sagte er kurz.

Sie rührte sich nicht. Ruhig stand er auf. „Kehr' um!", sagte er noch einmal und ging langsam auf sie zu.

Sie war blaß geworden und sah ihn mit flackernden, ungewissen Augen an. Dann wandte sie den Kopf, und ihre Blicke glitten zwischen die Stämme hinein, wie der Blick des Wildes, wenn es sich zur Flucht entschließt.

„Laß das!", rief Henner achtlos, wie über eine Kinderei. „Geh vor mir her! Denselben Steg zurück, den du gekommen bist!"

Wieder stieg das Blut jäh in ihr Gesicht. „Was wollen Sie von mir?", fragte sie leise, angstvoll, fast hilflos.

„Was ich dir damals gesagt habe. Nichts weiter."

Sie ließ den Korb zur Erde fallen und streckte die Hände mit einer wilden Bewegung nach ihm aus. „Ich erwürge dich!", flüsterte sie mit zuckenden Lippen.

Er drehte mit der Fußspitze einen Steinpilz herum und betrachtete ihn aufmerksam. „Das kannst du nachher tun", sagte er freundlich, „oder wenigstens versuchen." Er hob plötzlich den Kopf und sah ihr in die Augen, lange und prüfend. Er sah ein Stück des blauen Himmels in ihren Augen und eine Woge des grünen Wipfelmeeres. Man sah wie in einen tiefen Brunnen hinab, und unten auf dem Grunde stand ... der Wald. Eine leise, quälende Unruhe fiel plötzlich wie ein Fieberschauer über ihn. Er legte die Hand auf ihren Arm, wendete sie nach dem Fichtenhorst zurück und sagte mit veränderter, sanfter Stimme: „Nun geh!"

Sie zitterte, senkte den Kopf tief wie unter einer schweren Last und gehorchte.

Im Windbruch, unter einer halbgestürzten Fichte, hatte er eine Mooshütte gebaut. Nur des Marders Spur lief über ihr Dach, und die Kreuzotter sonnte sich an den niedrigen Wänden. Dorthin führte er sie. Die Nachtschwalben gurrten auf und ab wie der Atem des schlummernden Waldes. Der Kauz rief vom hohlen Eichenstamm, und die fernen Wetter leuchteten über den Grund der Wildnis. Jedesmal flammte ihre gebeugte Gestalt im bläulichen Lichte auf, und jedesmal flog das seltsame Lächeln über sein Gesicht.

Er schloß die Türe ab und stellte die Büchse in die Ecke. In der Hütte war Nacht, nur vor dem Fenster hing das Gewirr der gebrochenen Äste und ließ ein mattes Licht herein, und in jeder Minute flackerte der bleiche, ferne Schein in den niedrigen Raum, lautlos und beängstigend wie ein fremdes Signal.

Sie stand an der Wand, den Kopf weit zurückgelehnt und die Arme schlaff herabhängend.

„Zieh dich aus!", sagte er kurz.

Sie zuckte zusammen. In der Dunkelheit fühlte er, wie sie sich auf ihn stürzte. Er streckte die Hände aus und faßte ihre Handgelenke. Im nächsten Schein des Wetters sah er ihr weißes Gesicht und die lodernden Augen dicht vor dem seinigen. Langsam, mit unwiderstehlicher Kraft zog er sie zu sich heran und verschränkte ihre Hände über seinem Rücken, daß sie unbeweglich an seiner Brust lag. Er fühlte das leise Beben ihres Körpers und ihren mühevollen, schweren Atem.

Die Blitze flackerten auf und erloschen, lautlos, gespenstisch. Er sah mit hartem Blick in ihre Augen, lange Zeit, regungslos, bis sie sich schlossen. Da gab er ihre Hände frei. Sie warf die Arme um seinen Hals und begann ihn zu küssen, bis sie die Lippen nicht mehr von seinem Munde löste. Ferne, ferne dröhnte es leise auf, als schlage jemand heimlich und verstohlen an eine Erzplatte, und beim nächsten langhinirrenden Leuchten sah er über ihr flimmerndes Haar durch das offne Fenster in den Wald hinaus, und unter ihren Küssen spielte, ebenso heimlich und verstohlen, das schmerzliche, grausame Lächeln um seine Lippen.

In der Nacht brach das Gewitter von neuem über den Wald hernieder. Die Blitze schlugen mit weißen Flammen zwischen die Stämme hinunter, bis in die Hütte hinein. Die Wipfel brausten, die Äste peitschten gegen das Dach, und der Donner rollte wie eine glühende Walze über die bebende Erde. Henner erwachte und beugte sich über das Antlitz der Trude. Er sprach mit ihr, unhörbar, ohne die Lippen zu bewegen, eindringlich, hart und befehlend. Sie schlug die Augen auf, im halben Traum, und schloß sie wieder, geblendet von dem schneidenden Licht.

„Weshalb habt ihr ihn erschossen?“, fragte Henner flüsternd.

Ihr Körper bewegte sich unruhig und streckte sich dann wieder. „Er schlug ihn!“, flüsterte sie zwischen Schlaf und Wachen.

„Halfst du ihm?“

„Nein ... er nahm den Karabiner und ging ... in den Wald ... ich wußte ...“

Ihr Kopf sank schwer in seinen Arm zurück. Er sah in die leuchtende Nacht. Lange stand das Gewitter über dem Walde, hin- und herziehend, als wollte es die Wipfel versengen. Dann verdröhnte es in der Ferne. Langsam stieg das Morgenrot in den Ästen hinauf.

Leise erhob sich Henner, nahm die Kleider über den Arm und ging in den Wald hinein, zum Fließ hinunter. Das schwarze Wasser zog in leisen, schimmernden Wirbeln unter den Erlen dahin. Lange stand er davor und blickte hinunter. „Nein ... es ist nichts“, sagte er endlich leise und bitter, „auch dies nicht ...“ Er ließ sich in die kühle Flut gleiten, erschauernd über der finsteren Tiefe, und schwamm langsam gegen den leisen Strom hinauf. Ein Reiher kam ihm entgegen, schwer und müde wie nach ruheloser Nacht. Taumelnd glitt sein Spiegelbild auf Henner zu, und böse lachend schlug er mit der flachen Hand zwischen die Schwingen hinein, daß das schwarze Wasser rot und silbern im Schein der Frühe aufspritzte und der Vogel mit erschrecktem, heiserem Schrei sich seitwärts über den Wald schwang.

Dann kleidete Henner sich an und ging zur Hütte zurück. Er ließ die Tür offen und setzte sich auf den Tischrand. Er stützte die Ellbogen auf die Knie und blickte durch den Rauch seiner Zigarre auf die schlafende Frau.

Sie erwachte fröstelnd, öffnete verwirrt die Augen und errötete. „Mich friert ...“, sagte sie, verlegen lächelnd zu ihm aufblickend. Er verzog keine Miene.

Jetzt erst sah sie ihren Körper, wurde glühend rot und zog die Decke über sich. „Weshalb sprichst du nicht?“, fragte sie in plötzlichem Erschrecken.

Er klopfte die Asche von seiner Zigarre und sah nach der Tür. „Geh!“, sagte er finster. „Es ist Zeit.“

Ihre Augen weiteten sich. „Henner!“, flüsterte sie mit blassen Lippen.

Er wandte den Kopf. „Hast du vergessen? Eine Nacht, dann lass’ ich dich wieder laufen ... Grüß’ den Lumpen! Die zweite Strafe trifft ihn, aber für immer! Nun geh!“

Sie schrie auf, leise, wimmernd, mit zerbrochener Stimme und zog die Decke über das Gesicht. Dann stand sie langsam auf, wie mit schmerzenden Gliedern, griff nach ihrem Kleid, ließ die Decke fallen und stand vor ihm. „Du hast mich nicht geliebt ... diese Nacht?“, fragte sie tonlos, abwesend, mit kaltem, erstorbenem Gesicht.

„Geliebt!“, wiederholte er spöttisch. „Die Trude! ... Das nächste Mal gibt es die Rute ... geh!“

Selbst ihr Körper schien zu erblassen. „Das wirst du bezahlen!“, sagte sie leise. „Mit Blut! Mit deinem Herzblut!“ Ein glühender, unmenschlicher Blick fuhr verzehrend über sein Antlitz. Dann ging sie hinaus, stolz, gerade, ungebeugt.

Nach einer Weile stand Henner auf, stieß die Decke mit den Füßen zurück, nahm das Hifthorn von der Wand und trat vor die Türe. Mit kalten Augen sah er über den funkelnden Morgen, in langem Schweigen. Dann richtete er sich auf. „Ich bin der Herr des Waldes!“, sagte er laut und streng vor sich hin.

Er setzte das Horn an die Lippen und blies den Jägerruf. Nach einer halben Stunde war der Isegrim bei ihm. Henner sah ihn an. „Die Rache hat begonnen!“, sagte er ernst. „Ich überantworte ihn dir ... sobald er den Wald betritt!“

„Gelobt seien die Unterirdischen!“, rief der Isegrim aufatmend und spannte die Faust um den Schaft seiner Büchse.

Sechstes Kapitel

Plurr

„Plurr! Dr. Matthias Plurr!“, sagte der schiefe Herr und verbeugte sich nach der linken Seite, wo niemand saß.

Henner nickte, ohne die Schwestern vorzustellen. „Sie wünschen?“

Dr. Plurr führte seine rechte Hand mit einer fließenden, gerundeten Bewegung unter sein Kinn, strich den dünnen, rötlichen Spitzbart von unten her steil von sich, als wollte er sein Kinn verlängern, beschrieb von hier aus, ohne zu stocken, eine geräumige Kreislinie nach vorn und endigte mit der Unterbringung dieser Hand, indem er Zeige- und Mittelfinger zwischen die beiden oberen Knöpfe seiner Jacke schob, die übrigen Finger unter der Handfläche krümmte und den Daumen senkrecht in die Höhe stellte, wo er aufmerksam lauschend stillstand oder merkwürdig zuckende Tänze ausführte, einer Wasserspinne vergleichbar oder einem kleinen Veitstänzer. Dann trat er bis an das Geländer der Lindenlaube zurück, mit den eigentümlich knickenden, schwankenden, schleichenden Bewegungen eines Weberknechtes, den der Wind von rechts anweht, ließ den Daumen ein wenig tanzen und begann lächelnd.

„Ein Gegenstand, eine Materie von bedeutendem, allgemeinem, man könnte sagen universellem Interesse ... so ist's! Da ist, beispielsweise, der Wald! Ein Wunder der Natur. Pflanzen und Tiere birgt er in seinem dunklen Schoße. Ein Born der Belehrung, gleicherweise auf dem Gebiete der Fauna als auch und nicht minder auf demjenigen der Flora ... zweifelsohne! ... Da ist, beispielsweise, Ihr Wald, Herr Hauptmann ... oder, da außer Diensten vermutlich und schmerzliche Gefühle möglicherweise veranlassend: vielleicht besser Herr Wittich! ... Mit Recht also und unwidersprochen eine Perle des Kreises genannt, ja, in weiterem Sinne, eine Perle unsrer schönen Landschaft, ein köstlicher Edelstein in der Krone unsrer Heimat ... so ist's.

Und er steht verschlossen, ein exklusiver Aristokrat, nicht zugänglich der erwerbstätigen Bevölkerung, in deren Herzen nicht minder oder geringer der Durst nach Schönheit brennt, der nicht Alleinbesitz der besitzenden Klassen ist, mit nichten! Er steht verschlossen, und sehnsüchtige Augen blicken nach seiner Schönheit ... Auch die Augen der Jugend, die zu behüten ein köstliches Amt ist! Der Jugend, die nach Abenteuern dürstet, nach Schlachten, blauen Blumen und dem geweihtragenden, königlichen Hirsch, der in diesen Tälern auf hohen, schlanken Beinen wandeln soll ... Und für diese Jugend komme ich als Abgeordneter, als Deputierter. Der Wandertag, den der Herr Minister für Wissenschaft, Kunst und Volksbildung ... ein schönes Wort: Volksbildung! ... eingerichtet hat, der Tag der Erholung, der Festtag der jungen, durstigen Seelen, er soll uns in Ihren Wald führen!"

Die drei sahen ihn bewegungslos an. Ihre Blicke, die täglich über die hinaufstrebende Schönheit des Waldes schweiften, waren verständnislos, fast hilflos. Er lehnte an der Brüstung wie ein Problem, auch rein körperlich genommen. Das verwirrte. Er hatte zwei linke Füße und trug den Kopf auf der linken Schulter. Dieser lief von allen Seiten nach oben zusammen, wie in einer schiefen Presse sauber und glatt angefertigt, aber eben etwas schief. Von der niedrigen, ganz schmalen Stirn lief die Nase lang, flach und gehorsam nach unten. Ein dünnes Bärtchen hing in unruhiger Trauer über den etwas aufgeworfenen Lippen, die nach Geist strebten. Unter dem Kinn rann von halber Wangenhöhe das Spitzbärtchen zusammen, wie eine mühsame Pflanzung mit Wildverbiß und Fehlstellen. Hinter den Kneifergläsern blinzelten unruhig, hastig, unsicher die kleinen Augen, blaß und kurz bewimpert, als scheine die Sonne zu hell. Der Kopf schien angefertigt, wie man einen kleinen Grabhügel aus feuchter Erde anfertigt, und dann schien der liebe Gott die Seiten mit dem Spaten angeklopft zu haben, damit sie nicht rutschten. Dabei hatte die obere Vorderseite scheinbar einen etwas starken Schlag bekommen, und in die Augen war etwas Sand geraten, der nicht mehr hinausging.

Dieser Kopf war nach links geneigt und zuckte bisweilen in die Höhe, wie beim Kiebitz, wenn er auf der Erde sitzt und seinen Ruf ertönen läßt, sank aber gleich wieder zurück, wie erschreckt vor dem kalten Wind, der ständig von rechts wehte.

„Wer sind Sie eigentlich?“, fragte Henner und betrachtete ihn wie ein Reh mit fünf Läufen.

Der schiefe Herr ließ den Daumen tanzen. „Plurr! Dr. Matthias Plurr! Rektor und Leiter ... Direktor gewissermaßen ... der gehobenen Knabenschule der Stadt ... Realprogymnasium in Entwicklung ... in Vorbereitung allerdings ... i. E. i. V. ... vom Herrn Minister für Wissenschaft, Kunst und Volksbildung in Aussicht genommen zur Einrichtung der Aufbauschule dieses Kreises ... so ist's!“

„Aha!“, sagte Henner. „Boden der Tatsachen! Fackelanzünder!“

„Geistvoll bemerkt! Ein Aperçu! Ein Gedankenblitz! Die Damen lächeln Beifall ... vom hohen Balkone!“ Und er verneigte sich nach links. „Wie sagt der Dichter Wolfgang von Goethe so schön? ‚Ich freue mich, wenn kluge Männer sprechen, daß ich verstehen kann, wie sie es meinen!‘ Ein schönes, unsterbliches Werk, der ‚Torquato Tasso‘! Der gesteigerte Werther! Wenn auch nicht frei von schweren Fehlern ...“

„Rektor, also gesteigerter Volksschullehrer, und Doktor ... gibt es das denn?“, fragte Henner.

„Selten! Sehr selten! Überaus selten! Aber ... ‚Nichts ist so hoch, wonach der Starke nicht Befugnis hat, die Leiter anzusetzen‘!“

„So! Worin haben Sie gearbeitet?“

„Philosophie! Urgrund der Dinge! Die Entwicklung des monistischen Gedankens als Kulturferment der Zeiten! Eine tiefschürfende Arbeit! Von der gesamten Fachkritik glänzend rezensiert!“

„Hm ... wie sind Sie eigentlich über den See gekommen?“

„Im Nachen, von den sanften Wellen gewiegt, mit meiner... ach so!“ Er drehte sich plötzlich um, machte den Kiebitzkopf und pfiff laut, im schnellen Marschrhythmus, den Anfang der Marseillaise, mit der schönen Schleife hinter patrie schließend. Vom Ufer her antwortete ihm dasselbe Signal, nur um eine Oktave höher. „Ich habe ja meinen Liebling mit!“, erklärte er freundlich. „Meinen Kameraden!“

„Was für einen Liebling?“, fragte Henner.

„Mein Kind, die Mutterlose! Gudrun ... Gudrun Plurr, stud. med. ... Ein intellektuelles Phänomen, wie man wohl sagen kann ... so ist's.“

Elsabe nahm das zweite Taschentuch von den Lippen. „Weshalb ist Ihre Tochter im Nachen geblieben?“, fragte sie und drückte Weras Hand unaufhörlich zwischen ihren Fingern.

Der schiefe Herr verlängerte sein Kinn und verneigte sich. „Der Trieb zur Erforschung der Natur, Fräulein! Nimmer ruht ihr Geist ... In der Uferböschung erblickten wir die verhängnisvollen Ameisenlöwen in ihren Sandtrichtern, und da trieb es sie zum Experiment, der Quelle allen Wissens, nicht minder auch der Erfahrung. So wollte sie Ameisen sammeln und dem Spiel des Todes hinter die Kulissen sehen. Dies hat sie ferngehalten.“

Gudrun Plurr kam die Treppe herauf, schwingend und knickend wie ein Weberknecht. Die Ähnlichkeit mit ihrem Vater war verblüffend, fast peinlich. Auch sie hatte der Spaten des Schöpfers liebevoll beklopft, auch sie trug einen Kneifer und kurz geschnittenes Haar. Nur die Richtung nach links fehlte. Aber sie trug ein Gewand und hatte keinen Busen.

Noch auf der obersten Stufe zog sie eine Streichholzschachtel aus einer der großen Taschen ihres Gewandes, öffnete sie vorsichtig, bis die Zangen eines Ameisenlöwen zum Vorschein kamen und bemerkte kurz und sachlich: „Ein kolossales Exemplar, mein Vater!“

Dr. Plurr blinzelte teilnehmend in die Schachtel hinein und stellte dann seine Tochter vor. Sie nickte gleichgültig, setzte sich, ohne aufgefordert zu werden, und begann eine Zigarette zu rauchen.

„Sehr romantisch hier!“, bemerkte sie nach einer Weile blinzelnd. „Weshalb tragen Sie ein goldnes Kreuz?“

„Weil es mir so beliebt“, sagte Wera und sah an ihr vorbei. „Jeder Mensch hat seine Neigungen.“

„Ich bin freireligös!“, stellte sie mit kühler Sachlichkeit fest. „Vorläufig wenigstens ... wahrscheinlich nur ein vorübergehendes Entwicklungsstadium ... man muß zur absoluten Höhe streben ... Arbeiten Sie geistig?“ Diese Frage war streng und antwortheischend an alle Wittichs gerichtet.

Henner sah sie von der Seite an. „Wir arbeiten nur mit der Büchse“, antwortete er.

„Aha ... was schießen Sie?“

„Menschen und Tiere, wic es gerade kommt.“

Sie schnellte den Kopf in die Höhe. „Menschen? Was soll das heißen? Scherze?“

„Ich scherze niemals!“

Sie wandte sich zurück. „Mein Vater, was sagst du dazu?“

Der Vater ließ den Daumen tanzen. „Ich denke doch ... ein Scherz ... gewissermaßen ...“

„Merkwürdige Scherze!“, sagte sie mißbilligend. „Wie stehen Sie politisch?“, fuhr sie fort und nahm die zweite Zigarette.

„Nicht besonders“, meinte Henner freundlich. „Wir sind auch nicht vorbestraft, auch nicht verlobt.“

Sie ließ lächelnd den Rauch durch die lange Nase streichen, aus der er gehorsam in zwei Strahlen hervorkam. „Was für eine Welt! Bestraft! Verlobt! Erfindungen verflossener Despoten, wie Gott und Jenseits. Ihnen fehlt die Luft der Freiheit, die morgenfrisch über die Welt zieht ... Ein neuer Mensch wächst herauf, eine neue Götzendämmerung ... Machen Sie Schluß mit dem Trödel der Pietät! Es riecht reaktionär hier! Lassen Sie die Linden fällen! Das Haus verstockt. Und der Wald ... ja richtig, der Wald! Wie steht es, mein Vater?“

„Noch nicht abgeschlossen ... wir unterbrachen uns ... ja, also wann darf ich kommen mit der lieben Jugend, Herr Wittich?“

„Garnicht!“, sagte Wera kurz und streng.

„Sehr gut, Fräulein!“ Dr. Plurr lachte laut und übermütig. „Sehr gut! Hehe! ... Also wann, Herr Wittich?“

„Garnicht!“, wiederholte Henner freundlich.

Dr. Plurr krümmte sich ein wenig. „Wie, Herr Wittich? In der Tat? Die liebe Jugend ... mit den durstigen Augen?“

„Der Durstige trinke, wenn er Wasser hat! Und Wasser gibt’s überall.“

„Aber wieso? Weshalb? Warum? Denken Sie, wie versöhnlich das wirken würde! Gerade in unsrer Zeit der Gegensätze!“

„Es gibt für mich keine Zeit ... das alles ist mir unendlich gleichgültig. Die Zeit mag ihre Gegensätze austragen, wo es ihr beliebt. Aber nicht in meinem Walde! Wissen Sie, was Eigentum ist, Herr Plurr?“

„Eigentum ist Diebstahl“, bemerkte Gudrun und blies den Ameisenlöwen mit Zigarettenrauch an.

„Eigentum? Nun ja ... gewiß ... natürlich ... aber ...“ Er schnellte den Kopf hoch. „Ihr Wald ist ein Problem, Herr Wittich, ein Problem, das seine Wellen weit über die Grenzen unsres Kreises schlägt ... so ist’s!“

„Was hat der Kreis mit meinem Walde zu tun?“

„An sich nichts ... aber, gewissermaßen, viel ... ja. Man darf sich dem Zuge der Zeit nicht verschließen, Herr Wittich! Die Seele des Volkes ist auferstanden, die lange geknechtete. Sie reißt die Pforten auf und blickt ins Morgenrot. Sie stößt dem Kapitalismus das Messer in den goldgeschwollenen Leib. Sie greift nach ihrem Anteil an der Seligkeit ... das tut sie! Fürwahr! Die Armen der Erde sind Brüder geworden, die Enterbten, die Sklaven ... Die Ketten sind gefallen, der Kadaver besinnt sich auf seine Rechte, die droben hangen, ewig wie die Sterne, wie Friedrich von Schiller meisterhaft in seinem Schauspiel ‚Wilhelm Tell‘ sagt... Und da ist nun, beispielsweise, der Wald! Eine Quelle der Ernährung, der Wärme, der Gesundheit, des aufbauenden Lebens! Aber sie steht verschlossen. Es steht jemand davor, ein Offizier, ein Kriegsheld, die Flinte in der Hand, und läßt niemand hinein. ‚Denn wieso?‘, fragt das Volk. ‚Die Bäume gehören jedem, die Beeren, die Pilze, die schnellfüßigen Rehe ... aber nun nimmt sie einer, und wir frieren und hungern ...‘ So ist's!“

Er wiegte sich auf und ab, und auf seinen Wangen erschienen zwei rote, kreisrunde Flecken.

„Wie lange sind Sie hier schon ansässig, Herr Plurr?“

„Seit acht Jahren wurzele ich in der Scholle der Heimat.“

„Waren Sie auch während des Krieges hier?“

„So ist's!“

„Gar nicht Soldat gewesen?“

„Nein ... die liebe Jugend ... ich war unabkömmlich, voll und ganz, im edelsten Sinn des Wortes. ‚Geht unser Dr. Plurr, dann bricht unser ganzes Erziehungssystem zusammen!‘ Das war die allgemeine Stimme in der Stadt.“

„Dann werden Sie wissen, daß der verstorbene Herr Franziskus Wittich das Verbot des Holzsammelns unnachsichtig durchgeführt hat, daß er aber jährlich eine bedeutende Summe zur Brennholzbeschaffung für die Armen gegeben hat ... ich habe es in seinen Papieren gefunden.“

„So ist's! Es war edel, sehr edel, zweifelsohne! Und doch, die Seele des Volkes ist empfindlich! Sie verachtet Almosen, oder wie?“

Der Ameisenlöwe hatte geendet. „Sie haben eine Räubermoral!“, bemerkte Fräulein Gudrun kühl und sah sich nach neuen Lebewesen um.

„Was ist das, Seele des Volkes?“, fragte Henner nachdenklich.

„Der Ruf der Masse, der Schrei der allgemeinen Meinung, die Stimme der Natur, wie sie in unsrer Presse in Flammenzeichen leuchtet ... Und schon lodern diese Flammenzeichen in Ihren Wald. Ich fühle den Pulsschlag des Volkes!“

„Das heißt, Sie wollen, daß ich den Wald verschenke, abtrete?“

„Weit gefehlt! Mit nichten! Aber er soll Eigentum aller werden, nicht eines einzelnen. Gleich der Luft oder der Sonne ... Wenn einer bauen will, er lenke seine Schritte zum Walde, das blitzende Beil auf der starken Schulter, und fälle sich seine Stämme! Wenn einer essen will, er schleiche unter den raunenden Wipfeln einher, die Flinte in der schwieligen Hand, und erlege das schnellfüßige Reh! Will einer an der Brust der Allmutter Natur ruhen, er wandele mit Weib und Kind auf dem schwellenden Moose und pflücke die Blümlein, vom Tau erfrischt! ... Ein Garten gewissermaßen, in dem eine Familie lustwandelt, eine große, allgemeine Familie, zu der auch Sie gehören, gleichberechtigt."

„Ist das Ihre Stimme oder die des Volkes?"

Dr. Plurr krümmte sich. „Wir sind ... die Führer, Herr Wittich, die Lichtbringer ... sozusagen ... ‚Ihr habt recht, gewissermaßen', spreche ich zu ihnen. ‚Aber auch Pietät muß sein, Verständnis, Feingefühl! Da ist, beispielsweise, ein Offizier, ein Kriegsheld. Es ist sein Wald. Er hat seine Anschauungen wie ihr. Vielleicht bedarf er der Ruhe nach den Hekatomben von Blut, der Einsamkeit. Er wandelt unter den Wipfeln und ringt nach neuem Leben. Man muß nichts übereilen, wenn auch ... Recht muß Recht bleiben ... ihr kennt mich ja ... ich werde verhandeln.' So ist's! Und deshalb ... es würde ein Fest sein für die Jugend. Und die Eltern leben ja in ihren Kindern, teilen Leid und Freud'. Wer die Seelen der Kinder hat, hat die Seelen der Eltern, nicht minder und ebenso im Staatsleben, in der Kommune, im kleinsten Kreise ..."

„Welches Gesetz steht Ihnen zur Seite?"

„Die ewigen Gesetze der Gerechtigkeit, der Billigkeit, der Humanität, der Bruderliebe, der Gleichheit ... die Gesetze, die wir mit der teuren Muttermilch einsaugen!"

„Gesetze, meine ich?"

„Ich nannte sie ... oder sollte ... nein, nicht stumm kann die Stimme der Menschheit in Ihrem Busen sein ... das Licht der neuen Zeit hat Sie geblendet. Noch sehen Sie nicht mit neuen Augen, aber zweifelsohne."

„Also die Sache ist erledigt, Herr Plurr. Sie war mir nur psychologisch anziehend. Wer den Wald betritt, tut es auf Gefahr seines Lebens. So sagt mein Gesetz! Und nun lassen wir das Thema!“

Dr. Plurr lächelte böse. „Es ist nicht Ihr letztes Wort, Herr Wittich. Wir sprechen noch öfter davon. Vox populi vox Dei! Ein schönes Wort, ein mahnendes Wort! Der Mensch soll nicht stolz sein! ... Die Damen werden verzeihen, daß wir solange von Geschäften sprachen ... aber der Beruf, die Liebe zur Jugend ... man möchte ihnen das Schönste in goldnen Schalen reichen, denn für die Kindlein ist das Schönste gerade schön genug ... Aber nun wollen wir die Materie wechseln ... variatio delectat, jawohl! ... Da ist, beispielsweise, die Kunst, das Geschenk der Grazien! Wir haben jetzt eine Volksbühne in der Stadt, ein Liebhabertheater ... lieben Sie das Theater, Fräulein?“ Er setzte sich Wera gegenüber und blinzelte sie herzlich an.

Wera saß zurückgelehnt und hielt die Hände gefaltet. Kein Zug in ihrem Antlitz hatte gewechselt, nur das Spiel der feinen Falten über ihren Brauen hatte angezeigt, daß sie dem Gespräche folge. „Sie mißverstehen unser ganzes Leben, Herr Doktor!“, antwortete sie müde. „Die Zeit mit allem Morgenrot geht an uns vorüber, oder ... ich will nur von mir sprechen. Ich bin für die Einsamkeit erzogen, und die Quelle alles Wissens und aller Schönheit ist für mich der Wald. Ich weiß wohl, was ein Theater ist, ich bin auch schon dort gewesen; ich weiß, was Vergnügungen sind, die Kunst, die Politik. Aber alles das ist mir gleichgültig, unangenehm, sinnlos ... Wir sind zu ganz andern Dingen auf der Welt ... Ich weiß auch nicht, weshalb Sie sich um unsren Wald bekümmern. Jemand hat einen Gott, einen Glauben, einen Wald, einen Beruf ... so hat er das eben, und es geht niemanden etwas an.“

Dr. Plurr lauschte gespannt. „Eine höchst originelle Weltanschauung, in der Tat! Also auch Sie leben und sterben für den Wald ... Nicht zaudern könnte man zu glauben, was die Leute sagen, daß der Wald verzaubert sei ... eine Welt voller Probleme, so ist's! Nicht minder aber und in gleicher Weise sollten Sie sich durch den schönen Kopf gehen lassen, was ich soeben Herrn Wittich gesagt, angedeutet ... daß die Stimme des Volkes eine Mahnung ... auf der andern Seite: die Pietät ist etwas Heiliges! Sie erfüllt mich hier, sozusagen, mit Ehrfurcht ... und doch, das ist das Los des Schönen auf der Erde ... die Zeit ist hart, und ihre Räder rollen über die schöne Poesie, so tief sie auch verankert sei unter den raunenden Wipfeln, jawohl!“

Wera sah auf den See hinaus. Er schwieg und wendete keinen Blick von ihr. Das Spiel des Lichtes auf seinem unruhigen Kneifer verhüllte die Richtung und Eindringlichkeit seiner Augen, so daß er einem Sammler glich, der mit leisem, heimlichem Tasten im fremden Laden über eine unerhörte Entdeckung streichelt, während er sich gleichmütig nach der allgemeinen Preislage des Kunstmarktes erkundigt.

Elsabe strich sich mit einer raschen Bewegung das Haar aus der Stirn. „Da ist, beispielsweise, die Liebe, Herr Plurr! Von ihr haben Sie noch gar nicht gesprochen, und sonst haben Sie uns schon alles gefragt.“

Dr. Plurr verlängerte sein Kinn und lächelte. „Ganz recht, Fräulein! Die Liebe! Wie schön sagt der Dichter Hermann von Gilm: ‚Und laß uns von der Liebe reden, wie einst im Mai!‘ Wie einst im Mai ... aber ich bin fremd hier ... es ist eine einsame, romantische Welt. Man fragt nicht, ist zaghaft ... man steht im Beruf, im sausenden Webstuhl der Zeit ... und man vergißt, an die Liebe zu denken. Mit Unrecht, fürwahr, mit Unrecht! ‚Durch die Liebe Menschen Göttern gleich‘, sagt unser unsterblicher Friedrich von Schiller. Eine Quelle des Leides und der Seligkeit, bei allen Völkern und zu allen Zeiten gepriesen, gelobt, verherrlicht ...“

„Lieben Sie, Herr Plurr?“, fragte Elsabe lachend.

„Ich? O nein! Weit gefehlt, fürwahr! Womit allerdings nicht ... auf keine Weise ... ferne sei es von mir, zu behaupten, daß mein Herz gestorben! Es schlägt nur zurzeit, gewissermaßen, für die Gesamtheit, das Volk, die Menschheit, nicht für den einzelnen, hehe! Aber ... wie gesagt ... man bleibt jung ... noch sind die Tage der Rosen ... wie?“

Elsabe lachte. Fräulein Gudrun fing am Lindenstamm Käfer und Fliegen und steckte sie zu der Leiche des Ameisenlöwen. „Du machst Konzessionen, mein Vater!“, bemerkte sie mißbilligend. „Unser Weg führt zur absoluten Höhe, jenseits von menschlichen Torheiten!“

„Nun, nun ... sagte Dr. Plurr und lächelte vorsichtig.

In diesem Augenblick erschien der Isegrim in der Laube, als Gudrun gerade einen Goldkäfer in der Schachtel verschwinden ließ. Er starrte schweigend auf die beiden Fremden, und ein böses Licht flimmerte langsam in seinem Auge auf. Als er Henner fragend ansah, zuckte dieser leise mit den Mundwinkeln. Mit einer langen, schnellen Bewegung seines rechten Armes faßte der Isegrim die Streichholzschachtel, öffnete sie, schüttelte den Inhalt, lebendig und tot, über die Brüstung in den Garten hinunter und legte die Schachtel wieder vorsichtig zwischen die Finger der Studentin. Dann stellte er ein Wurzelkörbchen mit leuchtenden Brombeeren vor Elsabe, reichte Wera eine grün angelaufene Steinklinge und kauerte sich endlich in der Ecke zwischen Hauswand und Lindenstamm nieder, wo er sich nachdenklich über eine halbfertige Falle beugte, alles lautlos, mit den weichen, federnden Bewegungen eines Raubtieres.

Jetzt erst fand Fräulein Gudrun ihre Sprache wieder. „Sagen Sie mal, Sie Urwaldmensch, was fällt Ihnen eigentlich ein?“ Sie sprach laut und böse, und ihre Augen funkelten.

Der Isegrim schoß einen kurzen, finsteren Blick zu ihr hinauf. „Unser Wald! Unsre Tiere!“, murrte er.

Elsabe lachte. „Sprechen Sie sanft mit dem Isegrim, Fräulein Plurr! Er ist der Schutzgeist der Tiere!“

Dr. Plurr hatte sich gefaßt. „Isegrim ... sehr interessant! Isengrimus ... der mit der grauen Helmmaske, will sagen: dem grauen Gesicht ... ein merkwürdiger Tiername, und in dieser Beziehung sehr originell ... Nun, alter Freund, wir müssen uns doch schon kennen, sofern ich mich recht erinnere ... oder wie?“

Der Isegrim lächelte höhnisch. „Der rote Doktor ist bekannt wie der weiße Habicht."

Dr. Plurr erblaßte. „Dies Wort ist eine Verleumdung meiner politischen Feinde, ein Giftpfeil der Reaktion, Brunnenvergiftung gebrandmarkter Drahtzieher ... man muß dergleichen nicht unbedacht wiederholen ... ist doch ein Wort wie ein zweischneidiges Schwert, gefährlich zu handhaben ... so ist's." Die roten Flecken traten hervor, scharf begrenzt. Sein Daumen tanzte, wild und zuckend.

„Da ist, beispielsweise, ein Mensch!", sagte Elsabe nachdenklich. „Ein einsamer, bitterer, schroffer Mann, der viel Leid erfahren hat, sehr viel Leid ... Er lebt in seinem Walde wie in seinem Hause und schießt auf die Menschen, die in seinen Wald wollen, wie man auf Menschen schießt, die in unser Haus brechen. Aber er ist zwei Tage und zwei Nächte im Walde, um seinen Hund zu suchen, der sich mit der Leine losgerissen hat und im Wurzelwerk sich fangen kann ... den nennen die Leute, oder die Gesamtheit, die Stimme des Volkes, den Satan ... so war's, Isegrim, nicht?"

Der Alte nickte. Dr. Plurr erhob sich und machte mit der Hand eine flüssige Kreisbewegung. „Wir sind einig, Fräulein, voll und ganz! Schon Herr Walther von der Vogelweide hat gesungen: ‚Hütet eure Zunge! Stoßt den Riegel vor die Tür! Laßt kein böses Wort herfür!' Er sei uns Mahner, Führer zur Höhe! Und somit gestatten Sie uns, Abschied zu nehmen! Das Tagesgestirn senkt sich, länger werden die Schatten ... Wie bereits gesagt, Herr Wittich, ich bitte, meine Worte im Herzen zu bewegen. Noch stehe ich auf dem Damme und beschwöre die Flut. Bricht aber sie sich Bahn, so herrscht das Element. Und Komplikationen könnten entstehen, die ich bedauern würde, mehrfach bedauern. Aus Gründen der Gerechtigkeit, aus Gründen der Pietät, aus Gründen der Ritterlichkeit, jawohl! ... Einen guten Abend allerseits ... nicht unmöglich, daß ich bei Gelegenheit ... ob früher oder später ... einmal verspreche, höre, wie die Meinung ist, die Anschauungen, die Entschließungen ... oft wirkt ein Wort im stillen fort ... jedenfalls guten Abend allerseits!"

Wera und Elsabe neigten das Haupt. Henner stand auf, die Hände auf dem Rücken. „Genug des Geschwätzes!“, sagte er finster. „Nur noch eins! Hüten Sie sich, den Wald zu betreten! Sie oder einer der Ihrigen! Ganz gleich von welcher Partei! Der Isegrim schießt Ihnen eine Kugel durch den Kopf und verscharrt Sie unterm Moos. Auch dies ist eine Mahnung! Guten Abend!“

Gudrun Plurr pfiff durch die Zähne. „Nett!“, sagte sie kühl und sachlich. „Das wiedererstandene Mittelalter! Diese Affäre wollen wir im Auge behalten, mein Vater. Guten Abend!“

Sie schwebten durch den Garten, zwei Spinnen, die vom mißglückten Raubzug kamen, an zitternden Fäden abwärts schwankend, böse, tückisch, haßerfüllt, bis sie hinter der Uferböschung verschwanden.

Wera sah ihnen nach. „Mir ist“, sagte sie schwer aufseufzend, „als haben sie dort ihr Nest ... zwei graue Riesenspinnen ... und in der Nacht werden sie beginnen, ihre Fäden zu ziehen, kalt, klebrig, lautlos ... um uns, um das Haus ... um den Wald ...“ Sie weinte laut auf, lief zum Isegrim und kniete bei ihm nieder. „Isegrim!“, rief sie schluchzend und nahm seinen Kopf in beide Hände. „Du hütest den Wald, Isegrim, ja?“

Er streichelte ihre Arme, sanft und behutsam. „Vöglein, dunkles ... hab’ keine Angst ... keine Angst ... tut dir niemand was zuleide ... Dir nicht und dem Wald nicht... der Isegrim wacht! Scheint die Sonne oder scheinen die Sterne ... der Isegrim wacht!“

Sie weinte leise fort. Elsabe zog sie vom Boden auf, blaß und zitternd über die Tränen, die sie vergoß. „Wera! Schwesterlein! Nicht weinen! Wir sind ja da ... sterben könnten wir für dich! Alle, alle!“

Wera nickte, noch immer schluchzend. „Bring’ mich hinein!“, sagte sie mühsam. Vor Henner blieb sie stehen. Ihre Lippen zuckten. „Auch du, Henner, nicht wahr? Der Wald ... du hütest ihn?“ Sie reichte ihm die Hand und preßte seine Finger. Er richtete sich auf, stolz und straff, und sah sie mit leuchtenden Augen an. „Schlafe ruhig, Wera! Ganz ruhig! Ich bin der Herr des Waldes!“

Den Arm um ihre Schultern legend, führte Elsabe sie langsam ins Haus hinein.

Am Abend kam Peter Lenze. „Die Vögel sind unruhig", sagte er mit ernstem Gesicht. „Es trieb mich zu euch ... ist etwas vorgefallen?"

Sie erzählten ihm von dem Besuch. Dann verlangte Wera nach ihm. Er blieb lange bei ihr. Als er zurückgekehrt war, saß er schweigend, mit einer leisen Unruhe in seinem stillen Gesicht. Plötzlich stand er auf und trat an die Brüstung. „Es ist drückend heute", sagte er mit veränderter Stimme. „Die Luft liegt auf dem Herzen, als ob sie traurig sei. Und dann werden wir's auch ... Kommen Sie etwas hinaus, Elsabe? Zum Hügel?"

Sie nickte. Henner sah ihm aufmerksam nach. Der Isegrim starrte auf den See, über den graue Wellen liefen.

Der Wipfel der Grabfichte bog sich in schwerem Rauschen. Mit ruheloser Frage klopften die Wellen an die Uferwand und spiegelten das Grau der treibenden Wolken. Ein blasses, schwermütiges Licht spann müde um den fallenden Abend. Der Espenwald brauste, silbergrau und winddurchbebt. Ein später Vogel schwang sich hastig, taumelnd über die Gipfel und verschwand im grauen Licht. Finster und drohend rührte sich der Hochwald. Ferne, auf dämmernder Waldwiese, saß der Sommergott und spielte auf klagender Flöte ein Abschiedslied.

„Ich fürchte mich!", flüsterte Elsabe zusammenschauernd.

Er nahm ihre Hand und hielt sie warm und geborgen zwischen seinen Fingern. „Wie schön der Wald ist!", sagte er leise. „In seinem ewigen Leben ... Ich verstehe den Zauber, der euch erfüllt, den Atem des grünen Gottes ... Man muß ihn lieben, aber sein Schatten fällt über die Herzen, und ruhelos ist eure Sehnsucht ... Sie aber sind wie ein Vogel der Gärten, der reinen, sonnengebadeten, der in den düstren Wald verschlagen wird, in den Wald, der meilenweit die Erde bedeckt, in dem der Sturm braust und die Äste klirren, in dem der Marder schleicht und böse Augen funkeln ... Die andern haben das stolze

Blut, daß sie lächelnd mit dem Walde leben und sterben können, der Isegrim, Henner ... auch Wera ... Aber Sie nicht! Sie möchten in Freude leben, wie der Vogel im Garten, dem man im Winter Futter streut ... Wera hat mir etwas aufgetragen, Elsabe!“

Sie kauerte sich noch tiefer zusammen. „Was ist's?“, flüsterte sie.

„Wera sagt, der Wald werde untergehen und sie mit ihm. Vielleicht auch die beiden andern. Aber Sie soll ich retten, in das Leben hinaus, in die reinen, sonnigen Gärten ... sie hat mich gefragt, ob ich Sie liebe, Elsabe.“

Ihre Finger zuckten zwischen seinen Händen, aber sie ließ sie ihm. Langsam tropften Tränen aus ihren Augen.

„Ich liebe die ganze Welt, Elsabe“, fuhr er träumerisch fort. „Und so liebe ich auch Sie. Ich begehre Sie nicht, jetzt nicht. Sie sind mir wie eine Wolke, weiß und rein, mit goldenen, sanften Rändern. Wenn ich durch die Felder gehe, bleibe ich mitunter stehen und sehe solchen Wolken nach, die langsam durch die blaue Höhe ziehen. ‚Wie schön sie ist!‘, denke ich. ‚Bald wird sie am Horizont versinken, vom Abendrot umstrahlt ... wenn sie doch morgen wiederkäme! Immer müßten solche Wolken über den Himmel ziehen, wie damals, als ich zum ersten Male zu den Füßen Gottes lag.‘ Und ich hebe meine Arme zu ihr empor, aber ich will sie nicht haben. Was sollte die weiße, goldgesäumte Wolke zwischen meinen Händen? Oder ich sehe eine Blume am Wiesenrand. Ich beuge mich zu ihr nieder, trunken von ihrer Schönheit, aber ich pflücke sie nicht. Ich denke nur: ‚Könntest du doch immer hier stehen! Täglich würde ich herkommen, um dich zu streicheln, du Holde, Liebliche du!‘ ... So sind Sie mir, Elsabe. Nie werde ich Ihnen wehe tun, nie Sie berühren ohne Ihren Wunsch. Wie Gott dem Walde Blumen schenkt oder der Wiese, so würde er mir eine Blume geschenkt haben, die unter meinem Atem blühen und duften würde. Sie brauchten sich nicht mehr zu fürchten. Ruhig und sanft würden Ihre Träume sein, und wir würden beide zu den Füßen Gottes sitzen. Der Ihre ist anders als der meine, aber die ewige Liebe ist immer dieselbe, und es ist doch dasselbe Haus, in dem wir wohnen ... Weinen Sie ruhig, Elsabe! Ich weiß, daß Sie Henner lieben, ich weiß alles. Aber dazu sind Sie nicht geschaffen, o nein! Wera könnte er lieben, vielleicht, aber nicht Sie. Seine Liebe würde Sie töten, und es würde ein bittrer, schwerer Tod sein ... Wollen Sie aber einmal zurück zu ihm, so können Sie ruhig gehen. Auch die weiße Wolke steht nicht still, sie wandert, wie der Gott der Wolken sie treibt ... und einmal kehren Sie doch wieder zurück zu mir ...“

Er schwieg und sah lächelnd über das graue, langsam dunkelnde Wasser. Schatten krochen lautlos über die Erde, strichen über die flüsternden Gräser und verhüllten Berg und Tal. Klagend glitt der Regenpfeifer über das graue Haus, und schwermütige Stimmen stiegen in der Fichte auf und nieder, leise wiederkehrend und verwehend.

„Wenn ich wiederkomme“, sagte er tröstend, „geben Sie mir Antwort. Nun wollen wir noch zu den andern gehen. Der Abend ist traurig, und jedes Herz trägt sein Leid.“

Henner saß allein in der Laube, in schwere Gedanken versunken. Traurig rauschten die Linden über dem grauen Dach. „Schläft er?“, fragte er, sich müde zurücklehnend. „Er schläft!“, antwortete Lenze, „aber der Wald wacht.“ „Ja“, sagte Henner abwesend, „der Wald und wir ... wir wachen ... wir wachen ...“

Es wurde nicht dunkel, nur eine tiefe, fahle Dämmerung lag über der Erde. Hinter dem Hause brauste der Wald, klagend und drohend, in weitgeschwungenen Chorälen ersterbend und in neuem, wildem Schrei sich wieder aufbäumend.

Als Lenze sich erhob, um Abschied zu nehmen, stand der Isegrim in der Laube, plötzlich, fast sprunghaft erschienen. Sein Gesicht war fahl, wie von der Hand des Jenseits gezeichnet, aber er stand aufrecht und ruhig da. „Hauptmann!“, sagte er ernst und seltsam eindringlich. „Er ist da!“

Sie erblaßten. „Wer?“, fragte Henner streng.

„Der Herr! Franziskus!“

Elsabe schrie auf und griff nach Lenzes Hand.

„Isegrim!“, sagte Henner mahnend und unwillig.

Der Isegrim hob die Hand. „Er steht draußen und wartet. Komm!“

Henner stand auf und stieß den Stuhl zurück. Elsabe griff nach seinem Arm. „Henner!“, flüsterte sie voller Entsetzen. „Geh nicht!“ Er lächelte unnatürlich. „Kommt mit!“, sagte er laut. „Fürchte dich nicht!“

Sie traten an die Vorderseite des Hauses. Die Kiefernschonungen sausten, in den Espen bebte ein unaufhörliches Grauen. Der Isegrim stand vor dem Buchengang und starrte hinein.

Sie folgten ihm. Der Gang war oben verwachsen, und nur hin und wieder fiel durch eine Lücke mattes Licht wie durch ein trübes Fenster in ein langes Gewölbe. In einem solchen Lichtfleck stand etwas, dunkel, unbestimmt, wesenlos, ein Mensch oder ein Tier. Es verschwamm mit dem Buchenlaub und den schwarzen Schatten, ohne Umrisse, aber es war da. Ein kaltes Grauen ging von ihm aus, kroch aus dem Gang heran, wischte über das Laub und rüttelte mit blasser Hand am Eschenstamm, daß er bis in die Wurzel erbebte.

Plötzlich schwieg der Wind. Man hörte ihn mit leisem Weinen in den Schonungen suchen, wie ein verirrtes Kind, und ferne ersterben. Und dann war es lautlos still, ein paar Herzschläge lang, ein lähmendes, entsetzliches Schweigen.

Mit ein paar schnellen Schritten war Henner im Buchengang. Das Laub rauschte auf in einem plötzlichen, wühlenden Windstoß, und mit einem dumpfen, langgezogenen Ruf wandte es sich und trabte davon, die grauen Lichtflecke durchgleitend und in der Ferne, im Dunkel verschwindend. „Schlafe, Herr!“, rief der Isegrim laut und schnell. „Schlafe! Wir wachen!“

Henner kehrte sich um. „Es war ein Tier“, sagte er atemholend. „Ich konnte nicht erkennen, was für eins ... aber es war ein Tier.“

„Gewiß!“, sagte Lenze. „Es war in den Gang geraten und fürchtete sich ... Nun kommt hinein, ich muß nach Hause.“

„Horch!“, rief der Isegrim leise, mit seltsamem Lächeln.

Ein dumpfer, langgezogener Ruf kam aus der Ferne, wie ein leises, windzerwehtes Dröhnen, anschwellend und ersterbend.

„Was war das?“, hauchte Elsabe tonlos.

Der Isegrim drückte die Hände über die Augen. „Das Horn!“, flüsterte er wie im Traum. „Es ruft!“

„Isegrim!“, rief Henner drohend. „Narre uns nicht! Sieh Elsabe an! ... Vielleicht war es die Rohrdommel im Moor“, fügte er ruhig hinzu, „oder die Dampfersirene auf dem See ... der Wind geht zu stark ... Nun kommt hinein!“

Noch einmal kam der Ruf, dumpf, langgezogen, aufdröhnend, ersterbend. Elsabe schluchzte, fassungslos, leidenschaftlich.

Sie brachten sie ins Haus.

Unbeweglich stand der Isegrim, die Hände vor den Augen.

„Das Horn!“, flüsterte er, sich vorbeugend zum Sprung ins Dunkle. „Das Horn ...!“

Siebentes Kapitel

Herbstgespenster

Müde, blaue Tage gingen über den Wald. Sie gingen langsam, mit ausgebreiteten Armen und träumenden, fernabgewandten Augen, das Haar von silbernen Herbstfäden umsponnen, und wo ihre blassen Hände wehmütig über das Laub glitten, begannen leise die Wipfel zu erglühen.

Zuerst brannte der Ahorn auf und stand wie eine goldene Fackel im düsteren Saal und vor den dunklen Toren. Einzelne Sterne fielen nieder auf das Moos wie verlorenes Geschmeide und häuften sich zu leuchtenden Teppichen, die der Wind mit goldnen Schnüren verband. Dann stiegen über Nacht im ersten Reif die roten Opferflammen des wilden Birnbaums aus den Altären der Erde, brannten still und feierlich vom Waldrand über die Täler und riefen zum Opferfeste. Langsam, mit wehmütiger Freude, hüllte die Erde sich in das Festgewand. Von Pfeiler zu Pfeiler schwangen sich die goldenen Girlanden im hohen Waldessaal, von den roten Korallen der Eberesche gehalten. Schleier auf Schleier wallte aus den grünen Bogenfenstern hernieder, und feierlich stiegen die Laubfahnen in leisem Rauschen über das gewölbte Dach. Wie blasse Sterne leuchteten die späten Blumen auf den Stufen, die zum Dome hinaufführten, und in goldnem Pagengewand reihte sich Birke an Birke zu beiden Seiten, bis hoch zum Tore hinauf.

Und dann schwang sich der Heroldruf der Kraniche hoch über das Wipfelmeer, wie aus silbernen Trompeten weithin über die wartende Erde gestoßen, einmal und noch einmal und in klingendem Widerhall zurückgeworfen. In frommem Schweigen erstarb das Flüstern des Waldes, und zwischen Fahnen und Girlanden, auf blumengestickten Teppichen, unter der blauseidenen Riesenkuppel des Septemberhimmels, kam es langsam, wehmütig, feierlich die leuchtenden Stufen hinaufgeschritten: der Gott der sterbenden Erde, der Lohende, Brennende, Verglühende, der Gott des Herbstes zog träumend ein in die strahlenden, schweigenden Tempel des Waldes.

Nun lagen Tal und Hügel im Gebet. In bläulichen Wolken stieg morgens und abends der Weihrauch über die Wipfel, ferne Choräle drangen durch die geschlossenen Tore, und langsam, ganz langsam starben die Bäume. Mit goldnen Händen strich die Sonne lautlos über des Waldes sinkende Augen. Lächelnd schlossen sich die müden Lider, sanken die Wimpern auf die erblassenden Wangen, und leise entglitt der Becher der Freude den müden Händen, den roten Wein über den dunklen Teppich verschüttend und die letzten Tropfen leuchtend über die Erde versprühend. Zur Nacht aber neigten die Sterne sich über den Wald, kämmten mit silbernem Kamme das Haar der Toten und entkleideten sie des Opfergewandes, Blatt auf Blatt mit blassen Fingern pflückend, daß ein rastloses, wehmütiges Seufzen über die Hügel ging.

So starb der Wald.

Unter der Douglastanne saß Henner und sah in den brennenden Tod. Der grüne Gott war fort, aber das graue Männlein stand zwischen den sterbenden Birken, ein leuchtendes Blatt im Haar, und winkte lächelnd, Tag und Nacht. Es würde nie mehr fortgehen, und er würde ihm nie folgen können. War nicht der Isegrim ein Bruder des Waldes und hatte es ihn nicht doch in die Irre geführt und traurig die Hand gehoben? Zum Herrschen war er geboren und zur Schlacht, und über Menschen konnte er herrschen. Er konnte sie zur Liebe zwingen oder zum Haß. Aber der Wald stand jenseits von Liebe und Haß. Ihn zu töten lag vielleicht in seiner Hand, aber sein Herz schlug an ihm vorbei. Mit fremdem Lächeln würde der Wald sterben, wie er mit fremdem Lächeln lebte. Und sein Geheimnis würde er mit sich begraben. Ob er ihn marterte und ihm den Leib zerriß, ob er auf Knien vor ihm lag und den grünen Saum seines Mantels küßte: Mit eisigem Lächeln schloß er sich zu, tiefer und tiefer. Langsam schnürte er ihm das Herz zusammen ... Nun würde Elsabe gehen, fort in die sonnigen Gärten. Und Wera? Wera war wie der Wald, mit anderem Lächeln, mit anderen

Tränen. Auch ihr Herz schlug an ihm vorbei, auch sie schnürte langsam sein Herz zusammen, weil sein Wille an ihr vorbeiging, machtlos, wesenlos. „Ich muß dich hassen!“ Gewiß, sie hatte es gesagt im Mondschein, aber der Haß war leer und nicht zu greifen, er traf ihn nicht, er schlug an ihm vorbei, irgendwo ins Nichts ... Mochte sie gehen, auch sie! Dann waren sie allein, der Wald, der Isegrim und er. Und mochten sie kommen, ihm den Wald zu nehmen! Seinen Gott! Seine Seele! Wie er auf sie wartete! Der Feind wäre da, dem man ins Auge sehen könnte, gegen den man die Büchse heben könnte!

Er sah hinaus über die brennenden Wipfel. Die Welt war nicht zu sehen, die fremde, feindliche. Aber da hinten, wo über der goldnen Flut der blaue Himmel stand, da lauerte sie, tückisch, gierig hinüberstarrend nach dem Boden, den nur der Fuß seiner Vorfahren betreten hatte, in dessen Dunkel die Geheimnisse des alten Blutes schliefen. Dann würde er vielleicht sein eigen werden, der Wald, um dessen Leben er ringen würde ... Und wer würde der Sieger sein? Er lächelte verächtlich. Die glühenden Wipfel rauschten, und ein Funkenregen rieselte das Tal entlang. Vox populi vox Dei! Hier war die Stimme Gottes, hier allein, und wie ein Kreuzritter, einsam, stolz, siegesgewiß, die Hand am Schwerte, schritt er von der goldnen Höhe in das Tal hinunter ...

An diesem Tage erhielt das graue Haus zwei Besuche. In des Franziskus großer Stube saßen die Schwestern und nähten an Elsabes Traukleid, während Henner und der Isegrim Kugelpatronen machten. Die schlanken, gelben Hülsen mit der grauen, flachen Bleikuppe standen zu Hunderten auf dem großen Tisch, in Reih und Glied aufmarschiert und eine unheimliche, drohende Kraft verkörpernd. Der Isegrim lächelte fröhlich. Dann hob er den Kopf und lauschte. „Kommt einer!“, sagte er, sich plötzlich verfinsternd. Sie sahen ihn ungläubig an, bis die Haustüre ging und es behutsam klopfte.

Dr. Plurr verneigte sich lächelnd nach der Fensterseite. „Einen schönen guten Tag allerseits, meine Herrschaften!“, begann er aufgeräumt und schwenkte sein grünes Hütchen. „Wie gesagt, der Tag war schön, selbst in unsrem grauen Häusermeer, fernab der Seele der Natur, in der Tat sehr schön! ‚Dies ist ein Herbsttag, wie ich keinen sah', wie der Dichter so treffend sagt. Es zieht einen hinaus, in Sonnengold und Waldesrauschen, es läßt einen nicht am Schreibtisch, den Spuren der Denker grübelnd zu folgen, es treibt einen auf die Straße, an die blaue Flut, in den schwankenden Nachen. Von ferne grüßt das einsame Haus auf romantischer Höhe. Friedlicher Rauch steigt aus dem Schornstein, das Symbol einer glücklichen Familie. Man schreitet hinauf, man steigt die Treppe hinan, man klopft, man tritt ein, und siehe, ein Bild des Friedens liegt vor den erstaunten, ja beglückten Augen ... so ist's!" Er verlängerte sein Kinn und ließ den Daumen fröhlich und leicht tanzen.

„Darf man fragen, was man tut, woran die fleißigen, schönen Hände schaffen, rastlos, fürwahr, und unermüdlich?"

„Meine Aussteuer", sagte Elsabe.

„O, in der Tat? Welch ein schönes, inhaltsreiches, poetisches Wort! Die Aussteuer! Unermüdlich gleitet die Nadel durch das schneeweiße Linnen. Wie viele Träume, Hoffnungen und Wünsche sinken in die duftigen Gewebe! Der Verwirklichung nahe, der seligen Zukunft gewiß! ‚O daß sie ewig grünen bliebe, die schöne Zeit der jungen Liebe!' Wie unübertrefflich hat unser unsterblicher Dichter Friedrich von Schiller dieses in goldne Worte gekleidet! Fürwahr! Und Ihre Aussteuer, Fräulein? Ich dachte schon ... mir war so ... als ob das Fräulein Schwester ..."

Weras eiskalter Blick ging ihm zerreißend durch die begonnene Periode.

„Was wünschen Sie eigentlich, Herr Plurr?", fragte Henner mit bösem Lächeln. „Ich kann mir nicht denken, daß unser friedlicher Rauch Sie allein angelockt hat?"

Dr. Plurr krümmte sich. „In der Tat ... nicht minder und in gleichem Maße eine andere Materie, von uns seinerzeit angeschnitten und nicht abgeschlossen ... eine erneute Bitte, ein Versuch, ein letzter, jawohl ... eine erneute Mahnung, gewissermaßen ... aber was haben Sie da des Seltsamen auf Ihrem schönen, soliden, altväterlichen Tische?" Er sah mit vorsichtiger Neugier auf die glänzende Kämpferschar der Patronen.

„Das sind Patronen", antwortete Henner fröhlich. „Kugelpatronen für weittragende Repetierbüchsen. Durchschlagen vier Menschen nacheinander und erzeugen sehr unangenehme, zerreißende Ausschußwirkungen."

Dr. Plurr lächelte etwas mühsam. „Sehr interessant, in der Tat ... die Zeiten sind hart, jawohl, und der Krieg ist kein Veredler der Menschheit, mit Unterschied natürlich! Aber im allgemeinen, generell, für die Gattung ... jawohl ..." Er schloß mit einem klagenden Seufzer.

Henner lächelte weiter, und der Isegrim grinste höhnisch, griff nach neuen Hülsen und begann wieder mit der Arbeit.

„Wie gesagt", fuhr Dr. Plurr mit bedauernder Miene fort, „die Pietät, die Ehrfurcht vor dem Gewordenen, Überlieferten, Ererbten: ich schätze sie hoch, ich ehre sie ... aber die Zeit, die Grenzen, der neue Geist ... jawohl. Ich war in der Reichshauptstadt, dienstlich, politisch gewissermaßen. Eine schöne Stadt! Großartig, berauschend, das Herz des Landes, vibrierend vom Pulsschlag neuer, großer Errungenschaften ... Wandel und Handel, Leben und Treiben, Gewerbe und Industrie, Straßen und Theater: wie gesagt, großartig, berauschend! ... Ich hatte die Ehre, vom Herrn Minister für Landwirtschaft, Domänen und Forsten in einstündiger Audienz empfangen zu werden ... wie gesagt, die Pietät, die Ehrfurcht, ich schätze sie hoch, ich bewundere sie ... aber auf der andern Seite ... der neue Geist, das Morgenrot der Völker, ja ... ich hatte Gelegenheit, dem Herrn Minister das Problem des Waldes anzudeuten, ganz leicht natürlich, im Vorübergehen gewissermaßen, so ist's ... Ich fand Teilnahme, Interesse, lebhaftestes Interesse ... eine Prinzipienfrage sozusagen, ein Schulbeispiel, ein besonders exorbitanter Fall ... wie gesagt, die Quelle der Volksernährung, der Wärme, der Gesundheit ... Haben Sie sich's überlegt, Herr Wittich? Fräulein?", schloß er plötzlich und sah aufmerksam aus dem Fenster. „Wie gesagt, die Pietät ... es würde mir leid tun, von Herzen leid, so ist's!"

„Weiter!“, sagte Henner nachlässig.

Dr. Plurr kräuselte sein Hütchen auf der Krücke seines Stockes. „Also wie gesagt, ein Reichsforstgesetz befindet sich in Vorbereitung, das einschneidende, weitgehendste Maßnahmen und Änderungen vorsieht, ein Reichsforstgesetz, jawohl ... Der Herr Minister wird eine Kommission möglicherweise entsenden, eine Kommission aus Fachmännern und Personen des Kreises, Herren, die das größte Vertrauen besitzen, sich allgemeiner Hochachtung und Wertschätzung erfreuen, so ist's ... Die Kommission wird besichtigen, prüfen, begutachten, feststellen ... Sonderfälle könnten Sonderbestimmungen erforderlich machen ... wie gesagt, die Pietät ... Aber der Herr Minister war überrascht, er war ergriffen, empört gewissermaßen ... die Not des Volkes ...“ Er kräuselte wieder sein Hütchen und sah bekümmert auf die wehenden Troddeln.

„Weiter!“, sagte Henner noch beleidigender.

„Also, wie gesagt, meine Rolle ist natürlich nur eine untergeordnete, eine sekundäre gewissermaßen; aber ... mein Urteil, meine Meinung, meine Vorstellungen ... Wenn wir so etwas wie einen Vergleich schließen könnten, Herr Wittich, Fräulein? Vielleicht daß da noch ... es gibt ja viele Wege ... ein Anteil, ein gewisses Eigentumsrecht ... beschränkt natürlich, zum Wohle der Allgemeinheit ... immerhin ...“

„Sie befinden sich auch in dieser Kommission, Herr Plurr?“

„Weit gefehlt! Weit gefehlt! Es könnte sein ... allerdings ... das Vertrauen des Kreises ... aber zurzeit, wie gesagt ...“

„Also sehen wir uns das nächste Mal, wenn Sie mit der Kommission erscheinen. Aber versehen Sie sich mit Ausweisen, Herr Plurr! Alle! Die Luft weht hier romantisch zuzeiten ... Auf Wiedersehen also mit der Kommission! Wir haben noch Patronen zu machen, wie gesagt, für weittragende Büchsen ... so ist's!“

Dr. Plurr kräuselte sein Hütchen nicht mehr. Er war leicht erblaßt und schnellte den Kopf auf und ab. „Fräulein!“, sagte er mahnend.

Der Isegrim stand auf, ging geräuschlos zur Türe und öffnete sie weit. Dann schloß er sie ebenso geräuschlos hinter dem Mitglied der Kommission.

Dies war der erste Besuch.

Der zweite erschien eine Stunde später. Ebenso hob der Isegrim den Kopf, ebenso ging draußen die Haustüre, nur daß es hart und kurz an des Franziskus Stube klopfte und nicht auf Antwort wartete.

Auf der Schwelle stand die Trude.

Kalt und böse glitt ihr Blick durch den Raum und blieb mit leisem Hohn auf Wera haften. Elsabe breitete mit einer unwillkürlichen Bewegung die Arme wie schützend über die weiße Seide, und Wera stand auf.

Die Trude zog ihre Mundwinkel zu einem grausamen Lächeln. „Du sollst zum Vater kommen, Henner!“, sagte sie, ohne den Blick von Wera zu wenden. „Er stirbt.“

Henner war blaß geworden. „Wie kannst du ... wagen?“ Er stand auf.

Die Trude legte die rechte Hand wie zur gleichmütigen, ruhigen Betrachtung unter ihr Kinn. „Das ist also deine Liebste?“, fragte sie lächelnd. „Und das Traukleid wird schon genäht... Wissen Sie noch, Ihr Erster, Fräulein Wera? Da zog ich Ihnen Ihr Traukleid aus, und Sie mußten es in die Truhe legen ... ein Heiligenbildchen verlor er ... als er bei mir lag ... es war hübsch! Das Bildchen, meine ich ...“ Sie lachte leise auf. Ihre Worte kamen einzeln, brennend, in glühenden Hohn getaucht, und solch eine tierhafte Wildheit flackerte aus ihren Augen, daß sie lähmte und sie bewegungslos standen wie unter dem Blitzstrahl, der sengend herunterfährt.

„Auch dies ... ziehn Sie aus und legen Sie in die Truhe ... Auch der zweite Liebste hat bei mir gelegen ... vom Abend bis zum Morgen ... es war noch hübscher als damals ... viel hübscher, Fräulein Wera!“ Sie lächelte wieder leise und glücklich auf und strich sich mit beiden

Händen langsam das Haar aus der Stirn. „Nun passen Sie auf, daß der Dritte ... nicht auch zu mir kommt ... viel Glück zur Hochzeit!“

Sie lachte wild und schneidend auf, zügellos gleich dem Schrei des Tieres, drehte sich um und verschwand.

Langsam brach Wera in die Knie. Sie hielten sie in den Armen. „Wera!“, rief Henner beschwörend. „Hör’ mir zu ... es ist ...“

Sie schloß die Augen. „Hat sie ... es war die Wahrheit ...?“, fragte sie kaum hörbar, mit erschütternder Ruhe in ihrer Stimme.

„Nein ... oder ... nicht so! Anders! Ich kann dir nicht ...“

Sie hob die Hand. „Geh!“, sagte sie flüsternd.

„Was ... geht es ... mich an ...“

Er griff nach ihrer Hand.

„Geh!“, flüsterte sie noch einmal mit ersterbender Stimme, und ihre Stirn fiel hart und schwer gegen die Kante des Tisches, über dem das Traukleid lag.

Er ballte die Fäuste und riß die Tür auf. „Ihr seid wahnsinnig!“, schrie er wild. „Ich bin der Herr des Waldes! Der Mord! Mein ist die Rache ...! Mein! Ganz mein!“

Achtes Kapitel

Abendrot

Das Gesicht des Bauern blieb unbeweglich, wie aus grauem Holze geschnitten. Aber er hatte die Augen geschlossen und atmete schwer, mit leisem Stöhnen. Der Tod stand zu seinen Häupten.

„Ich sah ... wie er mit dem Karabiner aus dem Walde kam, Herr Hauptmann ... ich horchte an der Tür ... Liegt er? fragte sie. Jawoll ... er liegt! Brustschuß! ... Dann lachten sie ... Ich wollte zu Ihnen, Herr Hauptmann ... ich konnte nicht ... der Pflug ist blank ... auch mein Name ... wenn ich in der Erde bin, werden sie rosten, beide ... aber vorher, vorher sollten sie blank sein!"

„Quäle dich nicht, Samel!", sagte Henner finster. „Ich weiß es schon lange! Solange du lebst, hab' ich gewartet ... wenn du tot bist, dann kommt die Strafe ... Wer Menschenblut vergießt, des Blut soll wieder vergossen werden! So steht in deiner Bibel."

Der Alte nickte. „So klein waren Sie, Herr Hauptmann, als ich das sagte zu Ihnen ... nicht vergessen, was damals war! Der Lump... geben Sie ihm die Kugel... aber die Trude ... Herr, sie war ein Kind, als sie vor der Schlinge stand! Recht muß Recht bleiben, Herr, aber ... sie war ein Kind, ein kleines, wildes Kind, jawohl ..."

„Sie wird nicht sterben, Samel. Weiber bekommen keine Kugel ... sie hat ihre Strafe."

Der Bauer atmete leichter. Eine Fliege stieß summend gegen die Fensterscheiben, und auf dem Kartoffelacker lärmte der Eichelhäher.

Der Kranke stöhnte auf.

„Nun?", fragte Henner kurz, fast streng. „Ist es so schwer?"

„Ich? Nein ... gleich zu Ende ... ist nicht schwer ... Die Welt brennt, und wir haben keinen König mehr ... aber der Acker! Der Acker, Herr!"

„Der Acker bleibt!“, sagte Henner fest.

„Er wird vergehen, Herr ... Unkraut, Disteln ... sie werden nicht pflügen, nicht säen und ernten ... die Birken, das Heidekraut ... der Pflug wird rosten ... der Acker wird sterben!“

„Der Acker bleibt!“, wiederholte Henner fest.

„Sie wird wieder heiraten, Herr, oder ein andrer Lump kommt ins Haus, ohne Pfarrer ... sie säen, was sie zum Essen brauchen. Ist das Jahr schlecht, verkaufen sie ... eine Kuh, im nächsten Jahr wieder eine ... der Zaun fällt um, das Dach läßt Regen durch, der Hof verlumpt ... er geht mit der Flinte in den Wald, die Trude gibt sich mit andern ab ... und der Acker wird wild, Brache, Schonung, Wald ... er streut seinen Samen aus, Tag und Nacht ...“

„Der Wald kann sterben, Samel. Bald, sehr bald! In einer Nacht! Aber der Acker ist ewig, er stirbt nicht!“

„Es steht geschrieben, Herr, im Prediger Salomo, im dritten Kapitel: ‚Ein jegliches hat seine Zeit, und alles Vornehmen unter dem Himmel hat seine Stunde ... Geboren werden und sterben, pflanzen und ausrotten, das gepflanzt ist ... würgen und heilen, brechen und bauen; weinen und lachen, klagen und tanzen ... Steine zerstreuen und Steine sammeln, herzen und ferne sein von Herzen; suchen und verlieren, behalten und wegwerfen ... zerreißen und zunähen, schweigen und reden; lieben und hassen. Streit und Friede hat seine Zeit ... Man arbeite, wie man will, so hat man keinen Gewinn davon ... Ich sah die Mühe, die Gott den Menschen gegeben hat, daß sie drinnen geplagt werden ... Er aber tut alles fein zu seiner Zeit und läßt ihr Herz sich ängsten, wie es gehen solle in der Welt ... denn der Mensch kann doch nicht treffen das Werk, das Gott tut, weder Anfang noch Ende ... weder Anfang ... noch Ende‘ ...“

Er sprach stockend, mit schwerer Anstrengung, wie über den Pflug gebeugt. Und leise, fast unmerklich, trat ein fremdes, fernes Licht in seine Augen, von einer fremden Hand geschirmt und mit blassem Leuchten über sein Gesicht strahlend.

„Für Anfang und Ende laß andre sorgen, Samel! Wir haben uns um das zu kümmern, was in der Mitte liegt."

„Ich hab' mich gekümmert, Herr! Ja, ich hab' mich gekümmert ... Du kannst schaffen und dich quälen, mit Pflug und mit Spaten, mit Predigen und mit Liebhaben ... aber das Beste ist der Schweiß, Hauptmann, der in deinen Acker fällt! Wald oder Erde, oder Menschen, der Schweiß deines Angesichts! ... Das andre nimmt der Wind, oder die Jahre, oder böse Menschen ... es geht schnell dahin . . . aber der Schweiß sinkt in den Acker ... hart sind die Tage, Herr, kurz sind die Nächte ... wenig hat das Leben, woran du dich freuen kannst ... und wenn du stirbst, dann ist dir, als vergeht auch der Schweiß deiner Arbeit ... Pflügen möcht' ich, Herr!", schrie er auf und warf die Arme in die Höhe. „Pflügen! Auch dort, hinter der Welt ... wo die Engel stehen werden ..."

Seine Stimme brach, plötzlich, wie entzweigeschnitten, und sein Gesicht wurde fahl. „Aber sie werden ... keinen Acker ... haben", flüsterte er. „Hier nicht ... und dort auch nicht ... keinen Acker ..."

Sein Körper streckte sich. Sein ferner Blick ging durch den niedrigen Raum, unruhig, suchend, und blieb in Henners Augen haften. „Herr ...?"

Henner stand auf, fest und gerade, und drückte seine Hand. „Der Acker bleibt!", rief er laut und drohend und sah dem Sterbenden in die brechenden Augen. Ein leises, kindliches Lächeln glitt um den Mund des Bauern, wie Kindertraum von der Sonne des kommenden Tages. Dann schlossen sich die Lippen, schmal und ernst, und Henners Hand legte sich leise auf seine Lider.

Aufrecht und drohend ging der Hauptmann aus dem Hause.

Am Heidelerchenweg saß Elsabe. Sie stand schweigend auf, die Blicke niedergeschlagen. „Was willst du?", fragte er hart.

„Ich wartete auf dich."

„Wozu?"

„Ich ... ich wollte dich noch sprechen."

„Vorwürfe machen, Abscheu aussprechen, ja?" Er lachte bitter.

„Henner!“ Sie hing sich in seinen Arm und mäßigte seinen schnellen Schritt.

„Nun ja“, sagte er weicher, „hab’ nicht Angst ... ich tu dir nichts ... wie geht es ihr?“

„Sie hat geweint, lange und bitterlich.“

„Das ist gut! Sehr gut!“

„Henner!“

„Kind! Kind! Wer weinen kann, hat das Schwerste hinter sich ... wer nicht weinen kann, kann auch nicht mehr lachen aus Herzensgrund ... War der Isegrim bei ihr?“

„Ja.“

„Hat er mit ihr gesprochen?“

„Ja.“

„Hast du verstanden?“

„Ja“, flüsterte sie, immer leiser.

„Und sie?“

„Sie hat gesagt ... wer Rache will, der darf auch töten. Er darf auch den Feind in den ... Schmutz treten. Aber er muß die Rüstung anhaben und Handschuhe und sich selbst ... nicht beschmutzen. Du, du seist .. .“

„Nun?“

„Mitgesunken in den Schmutz! Und die Rache sei entheiligt.“

„Hirngespinste!“, sagte er hart. „Bis in die Wurzel ist sie getroffen, bis in die Wurzel ... nun genug!“ Er schnitt verächtlich mit der Hand durch die Luft.

Ihre Füße rauschten im welken Laub. Das Abendrot stand vor ihnen zwischen den Stämmen. Abschiedsfroh riefen die Wildgänse über den Wald. Unaufhörlich rieselten die Blätter.

„Henner!“ Sie blieb stehen und legte den Kopf an seine Schulter.

„Was ist? Trennungsweh?“ Er lächelte müde und abwehrend.

„Sie geht fort, Henner!“

„Wer?“

„Wera!“

Es durchfuhr ihn vom Kopf bis zu den Füßen.

„Wohin? Wann? Weshalb?“, fragte er hastig und bedrückt.

„Sie geht gleich nach der Hochzeit. In acht Tagen sollen wir getraut sein.“

„Aber wohin? Welch ein Wahnsinn!“

„Sie sagt es nicht. Aber es lebt noch eine Schwester ihrer Mutter. Wo, weiß ich nicht. Dorthin wird sie gehen.“

„Wie lange?“, fragte er finster.

„Ich weiß nicht ... vor meinem Tode kehre ich wieder, hat sie gesagt ... ach, Henner, mir ist das Herz so schwer ...“

„Ja, dazu haben wir es“, sagte er, ins Abendrot blickend.

„Und wer ... wer wird für dich sorgen?“ Sie weinte schon wieder, leise und hilflos.

„Vöglein, kleines!“ Er streichelte ihr Haar und zog sie langsam mit sich fort. „Sorgen ist ein dummes Wort. Um mich hat sich keiner zu sorgen. Aber der Isegrim bleibt. Er gibt auch das zweite Auge hin, ehe er mir ein Haar krümmen läßt. Das weißt du doch. Und der Wald will gehütet sein ... Wera kommt ja auch zurück. Sie kann nicht leben ohne den Wald.“

„Aber wann?“

„Bald, Elsabe, bald!“

Die Dämmerung sank. Schweigend verhüllten sich die Bäume und starben. Die bleiche Lampe des Mondes hob sich über die Erde und strahlte mild über den sterbenden Wald. Der pfeifende Flügelschlag ziehender Enten ging hoch durchs Dunkel, fort über die schlafende Erde, in die weite, weite Ferne. Schwerer schien das Leid der Herbstnacht, schwerer das Leid der Wipfel, der regungslosen, gebundenen, die den Tönen nachlauschten, die über der Scholle lebten und wanderten, frei, wurzellos, jenseits der Winterstarre.

Ein Lichtschein blinkte im grauen Hause. „In acht Tagen, Elsabe, gehst du in ein anderes Haus, ohne Mutter, ganz allein ... du wirst glücklich werden! Versprich es mir!“

Sie drückte seine Hand.

„Du wirst mich vergessen! Ich will es! Du wirst nie anders an mich denken als an einen Bruder, und du wirst Peter lieben, mit aller Kraft und Treue, die du hast! Versprich es mir!“

Wieder drückte sie seine Hand.

„Und ...“ er stockte, weil er fühlte, daß sie zu zittern begann. „Und“, fuhr er mit weicher, fast bittender Stimme fort, „du wirst Kinder haben ... versprich es mir!“

Noch einmal fühlte er ihre kalten Finger über seine Hand gleiten, dann löste sich ihre Gestalt von der seinen und lief die Treppe hinauf. Eine Weile stand er noch und blickte über die Schonung nach dem Walde zurück, der regungslos das Mondlicht an sich herabfließen ließ, düsterer und verschlossener denn je. Dann trat auch er ins Haus ...

Peter Lenze kam am Vorabend des Hochzeitstages. Als sie bei der Lampe in der Stube des Franziskus saßen, an deren Wände goldne Laubkränze mit Vogelbeertrauben hingen, zog er einen Brief aus der Tasche und legte ihn vor Wera. „Verzeih!“, sagte er lächelnd. „Aber ich hab' es in den Tod vergessen! Ich kam über die Stadt, und Plurr bat mich dringend, ihn dir zu geben. Er lächelte merkwürdig, und es scheint etwas Besonderes drin zu stehen.“

Wera nahm mit spitzen Fingern den Brief und schnitt ihn langsam auf. Als sie den Bogen öffnete, fiel eine Briefmarke auf das Tischtuch. „Rückantwort bezahlt!“, sagte Henner spöttisch. „Ein Kavalier!“

Wera las den Brief, ohne die Augen von den Zeilen zu heben. Die Falten über ihren Brauen zuckten leise, und ihre Hand schloß sich langsam und fest um das Taschentuch, bis die blauen Adern verschwanden. Ein paar Sekunden saß sie regungslos, stolz und gerade wie immer, und ihre Blicke gingen durch das letzte Wort hindurch in die Ferne. Dann nahm sie die Hände vom Tisch, ohne das Blatt zu berühren, lehnte sich zurück und sagte kurz: „Bitte, lies vor!"

Lenze nahm den Brief, sah auf Anfang und Ende und begann zu lesen.

„Wertes und sehr hochgeschätztes Fräulein! Nach den beiden teils hoch erfreulichen, teils tief betrüblichen Besuchen, die ich in dem Hause Ihres Herrn Vetters, des Herrn Hauptmann a. D. Henner Wittich machen zu dürfen die besondere Ehre hatte, werden Sie, wertes Fräulein, es verständlich finden und gütig hinnehmen, wenn ich mich dieses besonderen, umständlichen und schwerfälligen Weges bediene, um noch einmal vor Sie hinzutreten und wenn ich das weiße, aber gefühllose Papier zum Sendboten eines heißen und gefühlvollen Herzens mache. Fürwahr, leichter wäre es mir geworden, vis a vis Ihrer schönen Augen das Geständnis auszusprechen, das nun mühsam und nicht minder voller heißer Inbrunst nach befreienden Worten ringt.

Denn um ein Geständnis, fürwahr, handelt es sich! Das Geständnis eines einsamen Mannes, dem aber noch das Feuer der Jugend im Herzen loht, eines Mannes, der sich emporgerungen hat auf der schlüpfrigen Leiter dieses Erdendaseins, der nicht ohne Fähigkeiten, ohne Kenntnisse, ohne Verdienste, ja mehr als das und nicht minder: der nicht ohne Aussichten ist. Denn ein neuer Geist schwebt über den Wassern, und ein neues Wort lächelt als goldener Stern dem strebend sich Bemühenden, das Wort: Freie Bahn dem Tüchtigen!

Da ist, beispielsweise, eine junge, schöne, ich darf wohl sagen klassisch schöne Dame in einem romantischen Hause am See. Mit einer holden Schwester lebt sie dahin, die schon vom Pfeile des kleinen Gottes Amor tödlich verwundet ist; mit einem Vetter, der ein Offizier gewesen ist; ein Kriegsheld, ein Mann von einigen Verdiensten, sozusagen, aber von einer finsteren, harten, man könnte sagen gewaltsamen Lebensanschauung; mit einem alten, bösen Narren, der wie ein Wolf, was auch sein Name besagt, über die sonnigen Gefilde der Erde schreitet ... Traurig und einsam fließt ihr Leben dahin. Nur eines liebt sie, den Wald. Das Raunen der holden Wipfel flüstert ihr schöne, man kann wohl sagen liebliche Träume zu, und gleich dem schnellfüßigen Reh schreitet ihr schlanker Fuß über die finster gekrümmten Wurzeln.

Aber dieser Wald ist ein Problem, weit über die Grenzen des Kreises hinaus. Man wird aufmerksam, man begutachtet, man wird ihm ans Leben gehen! In der Tat, so ist's, die Art ist ihm bereits an die eisernen Wurzeln gelegt ... Ich blicke mit Pietät, ja, ich kann sagen mit Schmerz auf die Entwicklung dieses Problems. Der Ausgang ist mir nicht zweifelhaft. Und, wie gesagt, ich bin ein Mann nicht ohne Aussichten, nicht ohne Verbindungen, nicht ohne Einflüsse. Wertes Fräulein! ‚Den Eingang spart!' werden Sie wohl mit dem ‚schwankenden Charakterbild' des Kriegshelden Wallenstein, der unvergleichlichen Schöpfung unsres Meisterdichters Friedrich von Schiller, sagen. Und, in der Tat, ich spare ihn!

Wertes Fräulein! Werden Sie die Meinige! Reichen Sie mir die kleine Hand zum Bunde fürs Leben! Wandeln Sie vereint mit mir die Bahn, die aufwärts führt zu den Höhen der Menschheit! Öffnen Sie der sanften Sonne weicherer Gefühle das kleine Herz! Werden Sie meine Gattin, meine teure, und ... in der Tat! Ich will meine schwache Kraft aufbieten, um dem Rad der neuen Zeit in die stählernen Speichen zu fallen, ich will den Wald Ihnen, uns erhalten, ich will die Axt zurückschleudern, die blitzende, unerbittliche, die auf die finster gekrümmten Wurzeln gerichtet ist, ausgeholt zum tödlichen Schlage: Ich will den Wald retten!

Schwere Opfer innerer Überzeugung bringe ich damit, lege sie Ihnen zu Ihren schmalen Füßen. Aber der Gott der Liebe hat seine Fackel in mein einsames Herz geschleudert, und nichts, fürwahr, sei mir zuviel, um ihren lohenden Brand zu löschen!!

Ich füge eine Freimarke bei und erwarte in sehnsüchtigem Verlangen, wertes Fräulein, Ihre geschätzte Antwort. Mein Herz sagt mir, daß sie mir Ihr errötendes Ja bringen wird.

Ich verbleibe mit den herzlichsten Grüßen

Hochachtungsvoll und stets ergebenst Ihr

Dr. Matthias Plurr, Rektor und Leiter des Realprogymnasiums i. E. i. V."

Lenze schwieg, und auch die anderen schwiegen, gelähmt von dem Glanz der Perioden und den Gifttropfen, die langsam, schwerfällig aus ihnen niederfielen.

Endlich lachte Henner höhnisch auf und begann um den Tisch herumzugehen, die Hände auf dem Rücken und den Kopf gesenkt.

„Was wirst du tun, Wera?“, fragte Elsabe und sah über den Tisch zu ihr hinüber.

Sie schlug langsam, fast mit einem Schimmer des Lächelns die Augen auf. „Das wird sich finden“, sagte sie ruhig. „Ich weiß noch nicht ... ich muß nachdenken ...“

„Wera!“, rief Henner und stieß seinen Stuhl auf den Boden.

Sie stand auf, ohne ihn anzublicken. „Verwahre den Brief, Peter!“, sagte sie ruhig. „Und verliere die Freimarke nicht!“

Dann ging sie aus dem Zimmer.

Elsabe hatte gewünscht, vom Pfarrer der Stadt getraut zu werden, und Lenze hatte sich ohne Widerspruch gefügt. So holte ihn der Isegrim vom jenseitigen Ufer ab, wohin ihn Peters Wagen gebracht hatte. Schon aus dem Boot stieg er mit schwerem Kopfschütteln und tief bekümmerter Miene. Er sah mit runden Augen auf Henner, der ihn, in Uniform gekleidet, im Flur empfing. Mit denselben runden, vorsichtigen Augen blickte er auf alles, was er sah, als habe man ihn in ein Irrenhaus geführt und er dürfe sich nicht merken lassen, daß er darum wisse.

„Ein höchst seltsamer Bootsmann, Herr Hauptmann“, sagte er leise und schonungsvoll, indem er seine Fingerspitzen betrachtete, „den Sie mir da geschickt haben! Stünde ich nicht in Gottes Schutz, ich weiß nicht, ob ich es gewagt hätte, mich ihm anzuvertrauen.“

Er ließ sich vorsichtig in dem breiten Lehnstuhl nieder, den Henner ihm angeboten hatte, die kurzen, wohlgerundeten Beine auf die Fußspitzen stellend, als erwarte er jederzeit den ersten Tobsuchtsanfall.

Henner lachte. „Der Isegrim? Ja, er paßt schlecht unter die Schäflein Ihrer Gemeinde, Herr Pfarrer, aber ich glaube, es hat Sie nie ein besserer Mann gefahren. Nur wenn Sie den Wald betreten wollten, dann würde er Ihnen eine Kugel durch Ihr Käppchen schießen ... jeder Mensch hat so seine Eigenheiten ..."

„Gewiß, gewiß!", sagte der Pfarrer und zog die Fußspitzen näher heran. „Und ich glaubte, ich hoffte, es seien alles Märchen, die man sich da drüben erzählt, vom Walde und ... von den Bewohnern."

„O nein!", antwortete Henner ernsthaft. „Wir sind sehr seltsame Menschen ... in jedem von uns steckt ein Wolf, tief und verborgen, der mit heimlich glühenden Augen in die Welt sieht."

Als der Pfarrer aufstand, leise erblassend nach dem Wolf in des Hauptmanns Augen spähend, öffnete sich die Tür, und Wera trat mit dem jungen Paar ein. Wie eine Königin in dunkler Trauer stand sie, schwarz gekleidet, zwischen den farbigen Gestalten und neigte leise das herbe, blasse Gesicht.

„Er hat recht!", dachte der Pfarrer in steigender Verwirrung. „Auch in ihren Augen kauert das böse Tier ... Gott, hilf mir gnädig aus diesem Zauberwald!"

Henner aber blickte in einem unklaren, hin und her schwankenden Gefühl auf ihre Gestalt, die so viel Leid und so viel beherrschte Kraft aussprach, in der ihm das Blut seiner Vorfahren rein und stolz zu strömen schien, und von der ihm jetzt erst zum Bewußtsein kam, wie sehr sie seinesgleichen war: unfähig, zu vergeben und zu vergessen, unfähig sich zu teilen und aufzugehen, nur geschaffen, in einsamer, trauriger Wildheit nach eigenen Gesetzen sich zu verzehren. Es war gut, daß sie fortging, sie mußte gehen, sie sollte gehen ... und doch zog ihm eine blasse, grundlose Wehmut langsam das Herz zusammen.

„Weshalb, meine Tochter", fragte der Pfarrer, an Elsabens Lieblichkeit sich langsam erholend, „habt Ihr nicht das Haus Gottes gewählt? Wäre es nicht schöner gewesen?"

„Gottes Haus ist überall, Herr Pfarrer!", antwortete Lenze mit stillem Lächeln.

Dann gingen sie ins Trauzimmer, und der Pfarrer schüttelte bekümmert den grauen Kopf. Elsabe schauerte zusammen, denn die Wände brannten im Gold des Herbstlaubes, und der Schein der Kerzen leuchtete wie Sternenblick durch das Geäst des Waldes.

Regungslos lag Weras Hand in Henners Arm, und regungslos kauerte der Isegrim neben dem Altare und ließ sein Auge nicht von Elsabes Gestalt.

Der Pfarrer stand auf der äußersten gegenüberliegenden Kante des Altars, und noch nie war eine Hochzeitsrede ihm so aus Angst und Not geboren worden, noch nie so kurz und hastig von seinen Lippen gekommen. Als aber nach der Trauung Elsabe weinend an Weras Brust lag und diese mit starren, abwesenden Augen den Pfarrer anblickte, als der Isegrim unter seltsamen Lauten die Tür öffnete und Elsabes drei junge Rehe behutsam vor ihm ins Zimmer traten, mit scheuen, feuchten Augen umherblickend, als Elsabe weinend vor ihnen niederkiete und ihre Kopfe an ihre Brust zog: Da murmelte der Pfarrer hastig einen Glückwunsch und verabschiedete sich leise und schnell von Henner ... eine Beerdigung ... eine Amtsreise ... sehr bedauerlich ... der Isegrim? Nein, er wolle allein fahren, übergebe das Boot Herrn Lenzes Leuten ... sei ja noch eins hier am Ufer ... und ehe die kniende Elsabe aufgestanden war, ging er schon über den Hof, murmelte ein Vaterunser und stieg eilends, fast stolpernd in das Boot, das ihn herübergebracht hatte.

Während des Essens stand Henner auf und schlug an sein Glas. „Meine lieben Geschwister!“, begann er mit klarer, lauter Stimme. „Ich darf euch so nennen, denn ich bin euer Bruder ... Unser Geschlecht ist immer hart und einsam gewesen, und auch heute empfangt ihr weder von Vater noch von Mutter Segenswünsche. Aber als der Älteste dieses Hauses will ich euch aus der Gemeinschaft entlassen, in der du, liebe Elsabe, gestanden hast. Aus der Gemeinschaft des Waldes, der uns Vater und Mutter war. Du hast ihn gefürchtet als ein düsteres Schicksalslied, das über deinem Leben klang, als ein Land, das keinen Gott hat. Du wirst nun in die Gärten der Erde ziehen und mit deinem Manne zu Gottes Füßen sitzen. Du brauchst dem Walde keine Treue mehr zu halten, du brauchst dich nicht zu opfern für ihn, ich spreche dich frei von dem Gelöbnis des Blutes, das uns bindet. Ich danke dir für den Sonnenschein, den du uns gegeben hast. Du warst der letzte Sommervogel, und der Herbst beginnt. Ich habe mein erstes Gelöbnis erfüllt, das Franziskus mir abgenommen hat, ich habe dich gehütet und vor dem Leben gerettet. Ich werde auch die beiden andern Gelöbnisse erfüllen ... Du sollst in Sonne und Fröhlichkeit dahinleben, wie der Vogel, der über die Wipfel zieht. Der Isegrim und ich bleiben zurück. Wir werden deiner gedenken, wie der Wald deiner gedenkt. Wir brauchen dir nicht Glück zu wünschen, denn du hast das Glück. Aber unsre Augen werden über euch wachen, wie der Wald über euch gewacht hat. Was ihr tut und denkt, wird gut sein, weil ihr eins seid mit Gott. Und wenn ihr in der Sonne zu den Füßen Gottes sitzet, so sollt ihr uns lieb behalten, wenn wir auch nur zu den Füßen des Waldes sitzen und im Schatten bleiben. Und der Segen der Erde soll über euch sein bis zu eurem Tode! Darauf trinke ich den roten Wein unsrer Mutter Erde ... lebt wohl!"

Er hatte laut, fast streng begonnen und schloß mit weicher, verschleierter Stimme, als tue ihm das Herz weh unter Weras klaren, feierlichen Augen, die sie, unerwartet und verwirrend, zu ihm aufgeschlagen hatte.

Dann, als die Sonne sank, standen sie am Ufer. Weras Gepäck lag schon im Boot. Am nächsten Morgen wollte sie von Lenzes zur Bahn. Leise und behutsam streichelte der Isegrim mit seinen schweren Fäusten Elsabes Haar. „Vöglein goldnes!", murmelte er mit dumpfer Stimme. „Hat der Isegrim dir nichts zu geben, keinen Narrenvogel, der fromme Lieder pfeifen kann, keine Armspange aus dem Waldesgrund ... warst der Sonnenschein im dunklen Wald, warst das Rehlein im finstren Tann, warst das rote Röslein am traurigen Moor ... werden die Tage grau werden dem finsteren Wolf und die Winter lang und schwer ... wird das Lächeln verlernen und das Kinderwort ... Vöglein goldnes, Vöglein meins ..."

Sie drängte die Tränen zurück und zog den grauen Kopf an ihre Brust. „Wache über ihm!“, flüsterte sie. „Dann komm’ ich wieder, im Sommer, wenn der Wald blüht.“

Er legte die Hände beschwörend auf sein Herz und nickte ihr nach.

„Vergiß nicht, Isegrim!“, flüsterte Wera und drückte seine Hände. Er lächelte traurig. „Vergiß auch du nicht, Wera! Wenn der Frühling kommt ... er lebt nicht ohne dich!“

Dann stieß Henner ab. Regungslos kauerte der Isegrim auf der Uferhöhe, wie ein dunkler Kiefernbusch, vom Sturm gebeugt. Noch vom jenseitigen Walde wehte Elsabes weißes Tuch herüber, aber er rührte sich nicht; nur sein Auge starrte aus den finsteren Brauen hinüber, wie der Blick eines sterbenden Tieres aus dem Gebüsch.

Drüben streichelte Elsabe mit flehenden Händen Weras weiße Wangen. „Wera! Gib ihm die Hand! Sag’ doch nur ein einziges Wort ... du brichst mir ja das Herz ...“

Wera schüttelte stumm den Kopf, und indem sie mit einem langen, unergründlichen Blick Henners Gestalt noch einmal umfaßte, neigte sie unmerklich das Haupt und stieg in den Wagen.

Dann fuhr Henner mit beiden Booten über den See zurück. Der letzte Blick ließ ihn nicht los. Er hatte „Lebewohl!“ gesagt, auch wenn die Lippen geschwiegen hatten. So würde sie diesen Morgen über den Wald gesehen haben, als sie Abschied von ihm genommen hatte.

Der Isegrim stand auf, als er die Uferhöhe heraufkam. Oben standen sie beide und sahen, wie die Dämmerung über See und Wald fiel, wie Nebel, die frierend über ein schlafendes Tal sinken. Die Sonne stand nicht hinter dem Walde, sondern weit hinter der Welt. Eine graue Riesenspinne hing über der Erde und spann Faden auf Faden um das regungslose Land.

„Jetzt sind wir allein, Isegrim!“, sagte Henner endlich.

„Wenn die Vöglein schlafen, Hauptmann, stehen die Wölfe auf“, antwortete der Alte, sich aufreckend. „Kommen die Menschen mit

Fackeln und Lärm, um die Wölfe zu jagen ... aber die Wölfe wachen ... die Wölfe wachen ...“

Dichter wurden die grauen Fäden. Wie eine Burgzinne schnitt der hohe Uferrand in den Abendhimmel, und oben standen die beiden Gestalten, wie riesige Wächter im grauen Eisenkleid, und spähten über Wald und See in die dunkelnde, lauernde Ferne.

Neuntes Kapitel

Die Wölfe

Bis weit in den Oktober hinein standen die blauen Tage träumend über dem Walde. In der Krähenhütte am Moor sträubte der Uhu sein Gefieder unter dem Stoß der letzten Wanderfalken, und im Windbruch hinter dem schwarzen Fließ schrien die Hirsche drohend und gewaltig bis in den Morgen hinein. Wild und berauschend klang ihr Schrei, wie sturmnächtiges Brausen des Waldes unter dem Hornruf des wilden Jägers. Dann schwiegen auch sie. Die blauen Tage neigten abschiednehmend ihre Fahnen. Noch einmal blitzte die Sonne über die schimmernden Banner, dann wandelten sie feierlich, unaufhaltsam über den Wald hinaus, weiter und weiter nach Süden, in eine andere Welt.

Hinter ihnen blieb das graue, tränenvolle Schweigen. Wie ein leeres, hallendes Haus stand der Wald, mit schlagenden Türen, die man zu schließen vergessen hatte, mit zertrümmerten Fenstern, durch die der Wind mit leisem Klagen fuhr, mit welkem Laub, das zerwühlt, verstreut auf düsteren Stufen, in schweigenden Gängen lag, wie fortgeworfen von Kindern, die fröhlich lärmend in ein neues Haus gezogen waren. Nicht daß der Wald tot war, machte ihn düster und schwermütig, sondern daß er lebendig gewesen war; daß es noch wie ein Nachhall der Lieder durch seine Wipfel klang, daß es wie ein Nachglanz der Kerzen durch seine Räume glitt.

Aber er verfiel nicht langsam, unmerklich wie ein verlassenes Haus, er starb nicht in müder, vornehmer Ergebenheit. Der Sturm warf sich kalt, brüllend und fessellos über ihn und ermordete ihn. Im Morgengrauen, in einer fahlen, wüsten Dämmerung kam er herangebraust über den schäumenden See, bäumte sich auf an der Uferhöhe und brach dann in das müde, schweigende Sterben, einen Tag lang und eine

Nacht. Er riß die Türen aus den Angeln und schlug sie splitternd auf die Straßen, er stieß die rohe Faust in die grünen Fenster, er brach die Pfeiler und zerfetzte das Dach. Und in den erstarrten Räumen wälzte er sich in zügellosem Gelage. Er zerschlug die dunklen Bilder in den weiten Sälen, er goß den Wein über die grünen Sessel, er wirbelte das brennende Laub in funkelnden Flammensäulen über die Wipfel, und seine brüllenden Lieder des Hasses und der Vernichtung gellten schauerlich durch das stöhnende Haus. Splitternd brachen die Stämme nieder, in Todesnot sausten die Wipfel, und angstverzerrt taumelte der Krähenflug über das brandende Meer.

Und dann, im fahlen Licht des zweiten Morgens, schrie es noch einmal drohend und wild über die Erde, schlug noch einmal die Faust in die schäumende Flut und zog dann auf grauen, schreckensbleichen Straßen fort über das Land, wie wüste Mordgesellen, die Faust am Dolche, gellendes Dirnenlachen vor sich her, und dahinter blieb im Schweigen des Todes das ermordete Haus, feuchtes Blut auf den zertretenen Stufen, starres Grauen in den gebrochenen Augen.

Keine Blume blühte mehr, kein Vogel rief. Der Atem Gottes ging am Walde vorbei. Die Sonne vergoldete ihn nicht mehr, die Sterne verklärten ihn nicht mehr, das Lächeln der Saat und der Ernte durchbebte ihn nicht mehr: in furchtbarer Größe erstand sein wahres, fremdes Antlitz, entkleidet von Menschlichkeit und Lieblichkeit, fern von freundlichem Spiel und lässiger Fröhlichkeit; ein Antlitz, das mit majestätischer Gebärde den Lärm des Lebens von sich wies, das keine Antwort gab, dessen Augen im Jenseits standen. Verächtlich blickte der Wald über das Menschengeschlecht, das geglaubt hatte, er sei ihresgleichen, weil er Samen und Ernte geoffenbart hatte, Tag und Nacht, Lächeln und Weinen. Er raffte sein Gewand zusammen und schritt die Stufen zu seinem göttlichen Throne hinan. Das Kind in ihm starb. Seine Augen blickten durch die geschlossenen Lider über die Sterne hinaus in unerkannte Räume, und in sprachlosem Grauen blickten zu ihm hinauf, die sich Brüder des Waldes gedünkt hatten.

Denn er war gestorben und lebte, er öffnete die starren Lippen und sprach: „Ich bin der Wald! Von Ewigkeit zu Ewigkeit!"

Mit leisem Erschrecken fühlte Henner, daß die eherne Brücke bebte, die er über die Welt gespannt hatte und von der er auf das Leben blickte; daß er nicht fertig, unveränderlich, unerschütterlich sei, wie er gedacht hatte; daß die steinernen Götterbilder seines Herzens leise zusammenrückten, um Platz zu schaffen für eine schüchterne Blume, die sich öffnen wollte dem gestorbenen und wieder lebendig gewordenen grünen Gott; daß die Ehrfurcht mit scheuen Füßen in seine Seele einziehen wollte.

Er hielt die Totenwacht für den gestorbenen Wald. Er hatte nicht sein Bruder sein können, er wußte nicht, ob er sein Herr sein würde, er stand nur wie vor der Leiche eines Königs, das blanke Schwert in der Hand, und er wußte, daß er niemals das steinerne Antlitz aus seinem Leben verlieren würde. Er wußte auch, daß niemand die Leiche rauben würde, solange er lebte. Und wenn er sie verbrennen müßte, aber keine Menschenhand sollte an die heiligen Züge rühren.

Es würde sein, als ob er seinen Gott tötete, aber über dem Tode würde heiligend das Wort des Franziskus stehen: „Hüte den Wald!", und der Tod war besser als die Tempelschändung. Und er wußte, daß die Erde blieb, die den Wald trug, daß er aus dem sterbenden Walde den Samen des grünen Gottes hinausnehmen konnte in seinen Händen, ihn säen und pflanzen in andere Erde. Der Tempel konnte wieder ausgebaut werden, und wenn er auch nur die Wurzeln legen konnte und dann sterben mußte, der grüne Gott würde wachsen und emporsteigen aus eigner, unergründlicher Kraft. Und er würde in Wahrheit ein Hoherpriester werden, der mit seinem Herzblute opferte, niemals vielleicht ein Bruder des Waldes, niemals vielleicht ein Herr des Waldes, aber vielleicht ein Diener im Heiligtum, auch er vielleicht zu den Füßen Gottes.

Und so rüstete er sich mit ernstem Antlitz zu dem letzten Kampf, den er herannahen fühlte. Je höher das Bild seines Gottes emporstieg, desto tiefer verblaßte das Bild der Welt, der Menschheit, und er sah ihm nur in die Augen, um zu wissen, wann es Zeit sein würde, die Büchse zu heben und die Fackel der Vernichtung zu entzünden.

Wie die Wölfe kreisten sie durch den Wald, das Horn an der Seite, um einander herbeizurufen mit dröhnendem Schrei, wenn der Mensch einbrechen sollte in ihr Heiligtum. Unermüdlich lauerte der Isegrim um den Eschenstamm, in dem die weiße Narbe langsam verwitterte. Nächtelang glühte sein böses Auge vom Waldrande nach dem Hause hinüber, wie ein hungerndes Tier, das nach Blut verlangt.

Und als Henner eines Morgens vor dem Altar stand, den der Isegrim gebaut hatte, lag auf der oberen Steinplatte vor den beiden Lindenschalen ein Karabiner. Lange blickte er mit finsterem Lächeln auf ihn nieder. Dann sah er in das grüne Dunkel des Stammes hinauf und sagte leise und glücklich: „Nun schlafe, Franziskus!" Der Isegrim aber stand unter der Schirmfichte am See und blies noch einmal das Halali über das Grab, hell und schmetternd wie ein Angriffssignal, daß es stolz und verachtend über den See hinausdrang und der jenseitige Wald im Widerhall erbebte, wie ein dunkler Panzer unter funkelnden Lanzenstößen.

Als der Wald zum ersten Male im Rauhreif stand, kam die „Kommission" über den See, zwei Geheimräte aus dem Ministerium, ausgerüstet mit dem besonderen Vertrauen des Ministers, ein Forstrat von der Regierung des Bezirkes, Dr. Matthias Plurr und ein Mitglied des Arbeiterrates der Stadt. Dr. Plurr sprach von der Kraftquelle des Kreises, die ungenutzt versiegte, ein Schlag ins Gesicht der neuen Zeit! Die anderen schwiegen. Blutrot, in großartiger Einsamkeit, stand die Sonne über dem funkelnden Wald.

Der Isegrim hockte auf der untersten Treppenstufe und spannte ein rostiges Ottereisen, mit zwei langen, geraden Armen und einer Reihe scharfer, gekrümmter Stacheln. Sie blieben vor ihm stehen und blickten in unruhiger Spannung über Wald und Haus. Dann rollte der ältere Geheimrat die Zigarre behutsam in den linken Mundwinkel und steckte die behandschuhten Hände in die Taschen seines neuen Herbstmantels. „Na, Alter? Morjen! Ist Herr Wittich zu Hause?"

Der Isegrim knüpfte die Schlagschnur fest, schob vorsichtig die Sicherung zur Seite, beugte sich zurück und berührte mit einer Astspitze leise die Schnur. Die Feder schnellte das Eisen hoch, und mit knirschendem, hartem Klang schlugen die beiden Arme zusammen, dicht vor der geheimrätlichen Nase. Sie fuhren erschreckt zurück. „In der Tat!“, bemerkte Dr. Plurr nervös.

Der Isegrim warf einen scharfen, schnellen Blick auf die Kommission, zog das Eisen wieder zu sich heran und antwortete gleichgültig: „Ist zu Hause.“

„So!“, sagte der Geheimrat erleichtert. „Dann gehen Sie doch mal hinein und sagen Sie ihm, die Kommission des Herrn Ministers für Landwirtschaft, Domänen und Forsten möchte ihn sprechen.“

Der Isegrim spannte das Eisen von neuem, legte es vor die unterste Treppenstufe, zog die Sicherung zurück und stand dann auf. Mit einem langen Blick musterte er jedes einzelne der Mitglieder, dann glitt er geräuschlos die Treppe hinauf und verschwand im Flur. Nach einer Weile kam er zurück, kauerte sich auf der Treppe nieder und berührte wieder die Schlagschnur mit der Astspitze. Dann stützte er den Kopf in die Hand und sah durch die Kommission hindurch nach dem Walde. In der Stille hörte man einen Krähenflug über fernen Wipfeln lärmen.

„Nun, Alter?“, fragte der Geheimrat endlich und zuckte nervös mit den Schultern.

„Dürfen rein“, sagte der Isegrim kurz.

„Wie ... ich frage, ob Herr Wittich nicht bald herauskommt?“

Der Isegrim sah ihn mit beleidigendem Staunen an.

„Heraus?“, fragte er. „Heraus? Wer den Hauptmann sprechen will, darf rein. Hat’s erlaubt.“

Dr. Plurr ließ den Daumen unruhig tanzen und flüsterte erklärend. Dann gingen sie hinein. Der Isegrim hielt die Otterstange zwischen den Knien, und sie stiegen an ihm vorbei die Treppe hinauf, dicht am Geländer, mit vorsichtigen Füßen.

In der großen Stube stand Henner hinter dem Tisch und beugte sich über das Schloß seiner Repetierbüchse, das er auseinandergenommen und gereinigt hatte. Mit einer weitausholenden, wohlabgerundeten Handbewegung stellte Dr. Plurr vor. Henner warf einen finsteren Blick auf die Kommission und neigte den Kopf. „Ihre Ausweise, bitte!", sagte er kurz. Dr. Plurr überreichte sie mit spöttischem Lächeln. Henner sah sie Wort für Wort durch. „Wer von Ihnen ist Michel Bednarek?", fragte er, sie forschend anblickend, als könnte jeder von ihnen Michel Bednarek sein. „Hier!", rief der Arbeiterrat und trat vor.

Henner betrachtete ihn eindringlich. Dann gab er die Papiere zurück. „Sie können gehen", sagte er ruhig. „Der Isegrim wird Sie führen."

„Nicht Sie selbst?", fragte der Geheimrat. „Es würde uns doch von Wert sein, in Ihrer Begleitung ..."

Henner sah erstaunt von seinem Büchsenschloß auf.

„Ich habe keinerlei Veranlassung", sagte er kalt, „mich in Ihrer Gesellschaft zu bewegen."

„Haben Sie Lagepläne des Waldes?", fragte der Geheimrat eisig.

„Nur zu meinem Gebrauch. Generalstabskarten sind für Ihre Zwecke ausreichend und überall erhältlich."

Er setzte das Schloß ein und drückte einen Patronenstreifen in die Kammer.

„In der Tat!", bemerkte Dr. Plurr und krümmte sich leise.

Dann verließen sie das Zimmer. Draußen stand der Isegrim, die Büchse auf der Schulter, und setzte sich langsam in Bewegung. „Welchen Weg?", fragte der Geheimrat scharf.

„Weg?" Der Isegrim lächelte höhnisch. „Sind keine Wege im Wald, nicht für Tiere und nicht für Menschen."

„Idioten!", murmelte der Geheimrat erbittert.

Auf keine Frage mehr gab der Isegrim eine Antwort. Nur oft, sehr oft zuckte er im Laufe des Tages die breiten Schultern und sagte lächelnd: „Hat keinen gerufen, der Wald! ... Muß die Nase nicht vor die Büchse stecken ... zurückbleiben? Wer liegen bleibt, kommt nicht heraus aus dem Wald ... werden die Wildsauen und Füchse sich freuen ...“

Die Geheimräte stolperten wie Leichen durch die Wildnis, Dr. Plurr unterließ Verbeugungen, weitausholende Bewegungen und Daumentänze, und der Arbeiterrat folgte finster den anderen. Nur der Forstrat lächelte ab und zu, seiner Aufgabe längst nicht bewußt und in die Wunder des Urwaldes versunken. Viermal wurde der Windbruch gekreuzt, viermal der Dornenwinkel, und langsam, sehr langsam senkte sich die Sonne.

Als der Isegrim mit der Kommission wieder vor dem Hause erschien, wie ein fröhliches Kind, das ein ehemaliges Pferdchen, ohne Räder, Schwanz und Mähne, hinter sich herschleift, saß Henner auf der obersten Treppenstufe und spielte mit einer dünnen Weidenrute. Er lächelte offen, andauernd, beleidigend. Das Herbstgewand der Kommission sah nicht mehr geheimrätlich aus.

„Sehen Sie uns an!“, rief der Geheimrat, blaß vor Wut. „So hat uns Ihr alter Narr geführt!“

Henner nickte. „Wer über einen Wald urteilen will, muß sich zum mindesten für ihn kleiden können. Hier ist kein Ministerialgebäude. Und die Dornen haben wir nicht aushauen können. Vielleicht tut’s der Isegrim zum nächsten Besuch.“

„Bei unsrem nächsten Besuch wird weder Ihnen noch dem Isegrim ein einziger Dornbusch dieses Waldes gehören!“, anwortete der Geheimrat in mühsam beherrschter Erbitterung. „Unser Urteil ist fertig!“

Henner lächelte und ließ die Weidenrute spielen. Der Arbeiterrat hatte die Hände in den Taschen vergraben und blickte zwischen Scheu und Haß auf Henner.

„Sie werden das Weitere vom Ministerium aus erfahren!“, sagte der Geheimrat kalt. „Guten Abend!“ Er lüftete seinen steifen, schwarzen Hut und schickte sich zum Gehen an.

Henner streckte die Weidenrute gegen die Kommission aus. „Noch ein Wort, Herr Plurr!“, sagte er freundlich. „Wir werden uns wohl eine Weile nicht sehen ... Sollte es Ihnen aber noch einmal in den Sinn kommen, sich auf diese oder andre Weise um Fräulein Wera Wittich zu bewerben, so werde ich mir erlauben, den Kreisarzt um Ihre Person zu bemühen ... in der Tat... so ist's!“

Dr. Plurr erblaßte und stand regungslos.

„Nun? Haben Sie vielleicht eine Antwort erwartet? Die Freimarke steht zu Ihrer Verfügung, sie hat immerhin ... Liebhaberwert ... sozusagen!“

„In der Tat!“, zischte Dr. Plurr zum dritten Male und schoß einen glühenden Blick auf den Hauptmann.

Dann folgte er der Kommission.

Im Dezember erst fiel Schnee. Die dunklen Wolken, die ohne Ränder ineinander verliefen, hingen Tag und Nacht über den Wipfeln und begruben den Wald. Er versank, lautlos und tief, und nur die Kiefernstämme streckten sich wie atemholend aus dem Grabe empor. Die Stangenhölzer beugten sich langsam zur Erde, und die Wipfel tauchten wie die Wurzeln in die weiße Flut. Müde Tiere zogen von Dickung zu Dickung, als suchten sie das Bett zum Sterben, und der Krähenzug, der bei sinkender Dämmerung schwerfällig in die Kronen fiel, mit müdem, heiserem Schrei, sah aus wie ein Traumbild aus Tagen, wo eine Sonne über der Welt gestanden hatte, wo Gesang und Blumen den Wald erfüllt hatten, die nun lange, lange schon tot waren. Das Abendrot brannte hinter dem See wie eine glühende Erzwand, die Gott vor den Wald gestellt hatte, und im Verglühen sprühten die silbernen Funken der Sterne von ihr in den Weltraum hinaus. Sie standen hoch und dicht gereiht über der Erde, und wenn um die Mitternacht einer von ihnen auf flimmernder Bahn in die finsteren Wipfel herniederschoß, nachleuchtend am dunklen Firmament wie Erinnerung glänzender Tage, dann versank er hinter den schweigenden Kronen, lautlos, spurlos, so daß es aussah, als könnte der ganze Sternenhimmel in einer langen Nacht im Walde versinken, ebenso lautlos, ebenso spurlos, und am Morgen würde der Wald genau so dastehen wie bisher, finster, einsam, unendlich.

Auch die beiden Wölfe versanken im Walde. Der Knall der Büchsen verwehte, plötzlich aufgeschluckt von dem ewigen Schweigen, der Ruf des Hornes, der Klang der Stimmen. Es war nur wie ein laut und unvorsichtig geflüstertes Wort im Heiligtum. Dann blickten die Götterbilder in eisigem Schweigen darüber hin, und alles erstarb in regungslosem Entsetzen. Manchmal, wenn Henner um die Abendzeit am Fenster stand und hinausblickte, fühlte er den Blick des fernen Gottes mit lähmender Kälte in sein Herz dringen. Er dachte an die zermalmende Eisenwalze des letzten Kriegsjahres und an sein ohnmächtiges Aufbäumen gegen den Druck einer blinden, ehernen Faust. Nun schien ihm das alles ein lautes, fröhliches Spiel gegen die Gewalt dieser Wintertage gewesen zu sein ... Er dachte auch an Wera. Aber er wußte auch: Ehe er an sie schriebe, würde er dort hingehen, in den tiefen Wald, wo er am finstersten war, und sich im Dickicht ausstrecken, um zu sterben. Langsam fühlte er sein Herzblut in den Wald tropfen, brennend rot wie den Schweiß des Wildes. Der einsame Gott öffnete nicht mehr die Lippen, aber tiefer und tiefer versank er im Anschauen des erstarrten Antlitzes, und aus seinem Hohenpriesteramt sog er eine finstere, stählerne Kraft in sich, eine Kraft, die nur der Tod gewährt oder das unendliche Schweigen; die über die Höhen und Tiefen des Menschlichen mit leisem Lächeln hinwegschreiten läßt, weil sie unter dem Rauschen des Waldes gestanden hat; der Liebe und Haß nur Spiele sind, gleich schön und lieblich zu spielen, aber ferne von Begeisterung oder Verdammung, weil nur eine uralte, rätselschwere und ewige Melodie über ihr schwingt, das Lied der großen, weiten Wälder: „Von Erde bist du genommen, und zu Erbe sollst du wieder werden!“

Ruhelos kreisten die beiden Wächter um den schlafenden Wald. Dem frierenden Getier streuten sie Futter, aber unter den hängenden Ästen des Waldrandes spähten sie mit harten Augen nach Menschenfährten und blickten über das weiße Land nach den fernen Hügeln, über denen dünn und frierend die Rauchsäulen der Wohnstätten standen.

Bis das neue Jahr mit klirrendem Frost und hohen Sternennächten über den Wald zog. Henner stand auf dem Pfade zur Seewiese und sah einem Meisenpaar zu, als es im Dickicht rauschte und ein Reh in hoher Flucht den Pfad überfiel. Mit einem schnellen, leisen Schritt stand er im Hochwald, die Büchse in den Händen. Lautloses Schweigen lag zwischen den Stämmen, nur in der Ferne klopfte ab und zu ein Specht an einer trocknen Kiefer. Aber das Klopfen kam näher, in regelmäßigen Abständen, vorsichtig und gedämpft, und nun war es kein Specht mehr, sondern ein trockner Ast schlug ab und zu mit hartem Klang an einen Baum. Und dann sah Henner die graue Gestalt, den Stock in der Rechten und den Karabiner in der Linken, vorsichtig an ihm vorbei zur Seewiese schleichen. Seine Hände schlossen sich fester um die Büchse, und seine Augen leuchteten auf: Der Mensch war da und streckte die habgierigen Hände nach seinen Götterbildern.

Von Stamm zu Stamm schlüpfend, folgte er der Gestalt in gleicher Höhe. Schon sah er die Wiesenfläche schimmern, als vor ihm ein Gewehrschuß hart und zerreißend durch das Schweigen fuhr. Mit ein paar leisen Sprüngen war er unter der hohen Fichte, von der der Blick frei über die Wiese ging. Drüben, nahe am Waldesrande, lag ein verendetes Reh. Eine graue Gestalt wendete es eben an den Läufen herum und ließ dann auf den Fingern einen leisen Pfiff über die Wiese ertönen. Henner wartete, bis vier Männer um das Reh herumstanden und sich dann ohne Eile nach der jenseitigen Dickung begaben. Dann erst rief er sie an, zwischen den Zweigen der Fichte hervortretend. „Bluthund!“, schrie es drüben. Dann krachten ohne einen Augenblick des Zögerns die Schüsse. Mit leisem, bösem Flüstern fuhren die Geschosse über Henner in den Wald. Es splitterte im Fichtenstamm, und mit klagendem, langsam ersterbendem Laut schlug ein Querschläger durch die Äste in die Wipfel hinein.

Bevor der Trupp den schützenden Wald erreicht hatte, warf der Hinterste die Arme empor und fiel schwer nach vornüber in den aufstäubenden Schnee. Dann lag Henner hinter der Fichte und sah mit hartem Lächeln drüben hinter den verstreuten Schirmkiefern die roten Feuerstrahlen nach ihm herüberzucken. Der Schnee stäubte auf, kurz und scharf wie unter einem sausenden Peitschenschlag, und weiße Holzsplitter fuhren durch die Äste. Ab und zu antwortete seine Büchse und rief laut und mahnend durch den bebenden Wald.

Und dann, als er den zweiten Streifen in die Kammer drückte, blitzte es rechts zweimal schnell hintereinander auf, und ein langer, gellender Schrei stieg über die Wipfel wie gieriges Geheul des Wolfes durch die schweigende, dunkle Schneenacht. Dann warfen ihre Kugeln zu gleicher Zeit den letzten der vier nieder, der in langen Sprüngen nach dem dunklen Fichtenhorst strebte. Und dann schwieg der Wald, plötzlich und erschreckend, und ein Krähenflug, der die Wiese heraufkam, warf sich lautlos, mit jäher Wendung in die Wipfel hinunter und verschwand in der Dämmerung des Waldes.

Der Isegrim wollte zu den Toten, aber Henner ging, ohne den Blick noch einmal zurückzuwenden, mit ihm zum Seeufer. „Leben sie noch“, sagte er kalt, „so werden wir sie nicht retten. Der Frost wird das übrige tun. Außerdem ist es gut für uns, wenn keine andre Spur dazwischenläuft. Du gehst jetzt zu Lenzes und erzählst, was vorgefallen ist. Er soll beim Gericht Anzeige machen. Morgen werden wir die zweite Kommission bei uns haben.“

Als sie aus dem Uferwald traten, verschwand drüben ein Schlitten hinter dem Rohr. Die Spur führte bis an die Seewiese und wieder zurück. „Klare Fährte!“, sagte der Isegrim mit bösem Lächeln. „Werden die Leichen holen, Hauptmann! Zurückkommen und wachen!“

Henner nickte. Dann ging der Isegrim über den See. Der Schnee knirschte unter seinen Schritten, und die ersten Sterne stiegen schon mit blassem Leuchten über den Wald. Bei ausgehendem Monde betrat Henner das schweigende Haus und schlief traumlos, tief und glücklich, bis die Sonne ihn weckte.

Dann sah er den Schlitten über das Eis kommen und stieg die Uferböschung hinab. Die Herren fröstelten und machten ernste Gesichter. Sie musterten ihn eindringlich, wenn auch unauffällig, mit der leisen Scheu, die man dem Seltsamen, Unerhörten, fast Sagenhaften entgegenbringt. Henner kannte sie alle. Nach dem Tode des Franziskus und dem Verschwinden des Feldgrauen hatte er ein paar Mal in dem grauen, düstren Saal gestanden und hatte sich fragen lassen. Nun stieg er in den Schlitten und gab einen kurzen Bericht. Dann schwiegen sie.

An der Seewiese hielten ein paar Schlitten, und ein Menschenhaufe starrte ihnen in drohendem Schweigen entgegen und blickte dann nach der Waldblöße, wo der Isegrim mit gespreizten Beinen stand, wie in die Erde gewachsen, und den Wald behütete.

Der Gendarm blieb zurück. Niemand durfte die Wiese betreten. Henner streifte die Menge mit einem gleichgültigen Blick, als sehe er nichts als das Eis zu ihren Füßen, und da lief das erste haßerfüllte Murren zu ihm hinüber, und leise aber scharf hob sich ein einzelner Ruf heraus, derselbe, der ihn in der Heimat empfangen hatte und der wie ein leiser, schriller Signalpfiff durch verworrenen, fernen Lärm schnitt: „Messer raus!“ Der Staatsanwalt zog die Brauen zusammen, und Henner lächelte verächtlich.

Dann begann der Ortstermin. Spuren, die Lage der Toten, die Zahl der Patronenhülsen, die Geschoßeinschläge: Alles ergab ein klares, einwandfreies Bild. Die Lichtbilder wurden angefertigt, der Kreisarzt gab sein Urteil ab, und ohne Weiterungen wurden die Leichen freigegeben, nachdem die Personen festgestellt und die Karabiner beschlagnahmt worden waren. Um die Mittagszeit war der Wald still wie zuvor, und nur vom andern Ufer klangen die wilden Flüche der Abfahrenden herüber.

Als im grauen Hause das Protokoll beendet war, steckte sich der Staatsanwalt aufatmend eine Zigarre an. „Wir haben, Herr Hauptmann“, sagte er aufstehend, „keine Veranlassung, augenblicklich gegen Sie einzuschreiten, und die Gerichtsverhandlung wird, soweit ich die Sache übersehe, nichts anderes ergeben. Wenn ich Ihnen einen

Rat geben darf, so möchte ich Sie aber bitten, sich vorläufig nicht in der Stadt sehen zu lassen. Sie wissen, in was für einer Zeit wir leben, und es könnte doch zu bedauerlichen Zusammenstößen kommen, nicht wahr?“

Dann zogen sie die Pelze an, und als sie sich verabschiedeten, drehte sich der jugendliche Untersuchungsrichter plötzlich um und fragte: „Der Schwiegersohn des verstorbenen Samel ist noch immer verschwunden. Haben Sie nichts weiter gehört?“

„Ich sehe keinen Menschen als den Isegrim“, antwortete Henner ruhig.

„Ja, auch das hat böses Blut gemacht“, sagte der Staatsanwalt und blickte unruhig, fast mit leiser Scheu in die finsteren Ecken des großen, düsteren Raumes und in Henners schmales, hartes Gesicht. „Ja, es ist eine schlimme Zeit“, setzte er seufzend hinzu. Dann gingen sie zum See hinab.

Als der Isegrim das nächste Mal aus der Stadt zurückgekommen war, sagte er fröhlich: „Hauptmann, muß jetzt mit der Büchse zur Stadt.“

„Weshalb?“ fragte Henner ausblickend.

„Sind Gesichter zwischen den Häusern, die mir nicht gefallen. Wie die Wildkatze im Eisen ... Als ich zurückging, über den See, haben sie geschossen. Schießen schlecht, die Stadtleute!“

„Aha!“, sagte Henner. „Sie möchten dich hübsch heimlich um die Ecke bringen. Nein, Isegrim, da nützt dir die Büchse nichts. Ich brauche dich noch. Ich will morgen zu Elsabe. Sie wird uns alles besorgen und du holst es von ihr.“

Am nächsten Nachmittag machte er sich auf. Es war noch Februar, aber in der Nacht waren ferne Götter über das Land gekommen, und ihr Atem war warm und sehnsüchtig über die Erde gegangen. Aus der moorigen Tiefe des Sees waren die Gefangenen des Grundes aufgestiegen und mit zornigem Schrei unter der eisigen Decke entlanggeglitten. Es knisterte böse und heimlich, wie schwelendes Feuer unter einem grauen, morschen Dach. Dann klang ein klagender Ruf, von

Ufer zu Ufer eilend und in der Mitte mit dumpfem, ersticktem Laut ersterbend, wie Steine, die in einen dunklen, tiefen Brunnen fallen. Und wenn es mit scharfem Knirschen grell und in gezackter Bahn, dem Blitze gleich, auf den See hinauslief, härter und drohender wurde wie gepreßte Scherben, bis der dröhnende, weit hinschlagende Donner unterirdischer Gewitter das Eis spaltete, dann schien es, als müßte die gebundene, leise fressende Glut in einem jähen Feuerstrahl durch die Decke brechen und taghell den See entlangrasen, wie sturmgetriebne Feuersbrunst über graue Dächer an der Dorfstraße.

Der Wald rührte die Wipfel und blickte mit dunklen Augen ernst und weit über das Land. Mit zornigem Schrei warfen die Stämme das Eis aus der Rinde, und die Stangenhölzer bebten wie ein edles Pferd, das den verhaßten Reiter abgeworfen. Unruhig kreisten die Krähen über dem Walde, und im Himmel brachen hohe, blaue Fenster auf, aus denen windverwehte Stimmen über die Welt riefen. Eine leise drängende, fast drohende Unruhe lief über die Erde, als klirrten brechende Ketten in einem finstren Gefängnis, als sprängen eiserne Riegel auf, splitternde Türen, hallende Gänge, durch die es an die Tore drängte, raunend, flüsternd, murrend, von einzelnen Schreien zerrissen, als ahne es den Befreier, der draußen stand, hinter der hohen Mauer, in dämmernden Gassen, durch die es brechen würde mit brausendem Jubelruf und wildem Erlösungsschrei.

Müde, mit leiser Verwirrung im Blute, den dunklen Stimmen der Erde lauschend, trat Henner in Elsabes Zimmer, in dem schon die ersten Schatten der Dämmerung lagen. Sein erster, schneller Blick, an die finstere Einsamkeit des grauen Hauses gewöhnt, war betroffen, fast wehmütig berührt von der stillen, friedlichen Wärme des Raumes, wie von einer blühenden Waldwiese inmitten des düsteren Hochwaldes. Elsabe saß am Fenster, die Hände über der Näharbeit gefaltet, und sah gedankenverloren in den Park, hinter dem das unruhige, wolkenzerrissene Abendrot flammte. Der rote Schein lag schimmernd um ihr blasses Gesicht, wie der Frieden des abendlichen Herdfeuers um ein müdegespieltes, heimgekehrtes Kind.

Henner blieb stehen und betrachtete sie schweigend. Eine ruhige Hand glitt sanft über sein Herz, kaum merklich bebend von einem leisen Wehegefühl des Draußenseins, der Fremdheit, der Entsagung, wie ein Mann, der von schwerer, einsamer Arbeit zu tiefem, traumlosem Schlafe heimkehrt und der unterwegs über eine graue, abweisende Mauer in schweigende, abendrote Gärten blickt, voller blühender, fremdartiger Gewächse, hinter denen ein weißes, kühles Haus schimmert und in denen eine Frauenstimme singt, leise und wehmütig wie eine ferne Flöte an abendlichen Hügeln.

„Was ist?", sagte sie und wandte den Kopf. Sie schrie leise auf und stützte die Hände auf die Lehnen des Sessels, um aufzustehen, sank aber wieder zurück. „Henner!", rief sie mit wehmütigem Lächeln. „Kommst du doch einmal zu uns! Wie einsam deine Augen sind!"

„Wenn die Wölfe aus dem Wald kommen, haben sie immer solche Augen, Vöglein", sagte er freundlich. „Gräme dich nicht! Ich freue mich, daß soviel Frieden um dich ist." Als er ihre Hand nahm, behutsam wie eine Blume, sah er, daß sie Mutter wurde. Er konnte nicht verhindern, daß seine Hand leise zuckte, in einem plötzlichen, unklaren Gefühl zwischen Aufatmen und Erschrecken. „Elsabe!", sagte er sanft.

Sie hob die Augen wie in stummer Bitte zu ihm empor, und ein tiefes, keusches Erröten stieg langsam in ihre Wangen. Dann wandte sie den Blick in andächtiger Versunkenheit ins brennende Abendrot. Ein zartes Lächeln, zwischen Wehmut und Träumen der Erwartung, blühte um ihren Kindermund auf, wie silberne Wellen unter warmem Winde über ein Kornfeld ziehen, und leise sagte sie, ohne ihm die Hand zu entziehen: „Ja ... auch ich bin zu Gottes Füßen ..."

Er setzte sich ihr gegenüber, noch immer mit der leisen Unruhe des Heimbegehrenden, der über die Mauer hinweg in die träumenden Gärten blickt. Und seltsam bewegend klang zwischen Hörnerruf und Büchsenklang der Ton der fernen Flöte.

„Du bist glücklich, Elsabe?", fragte er und sah sie sinnend an.

„Ja, Henner", antwortete sie. „Wir sind glücklich ... sei nicht böse!"

Er lächelte. „Nein, Elsabe, ich bin nicht böse."

„Ich dachte nur ..." Sie errötete wieder. „Böse ist vielleicht nicht das richtige Wort, aber ... du bist so streng, an hartes, tätiges Leben gewöhnt ... das alles, was kommt, was wir erwarten ... das könnte dir vielleicht ... unangenehm ... oder ... oder gar lächerlich sein ..."

Sein Gesicht war sehr ernst geworden. „Ich glaube allerdings, Elslein", sagte er langsam, „daß ich mein Kind töten könnte, wenn ich Frau und Mutter wäre, weil ... weil es mir das Alleinsein nähme, das Einzigsein, die Freiheit und Einsamkeit, die ich verlange ... weil ein anderer daran Anteil hätte, weil es mein Wesen spalten würde in zwei Hälften ... ein halber Tod ... deshalb! Aber bei dir? Nein, bei ... wenn ich an Wera denke, da könnte ich es wohl nicht ertragen, nicht einmal den Gedanken! Ich weiß nicht, weshalb ... aber bei dir, bei dir ist es gut, und mir ist, als vollende sich damit erst dein Wesen."

„Erzähle mir von dir, Henner!", bat sie nach einer Weile. „Peter ist in der Stadt. Bis er zurückkommt, können wir hier im Dunkeln plaudern."

Er trug ihr seine Bitte vor und erzählte, wie der Isegrim aus der Stadt zurückgekehrt sei. Sie faltete angstvoll die Hände. „Mir ist", flüsterte sie tonlos, „als werde der Wald euch alle verschlingen, dich und den Isegrim ... und auch Wera, wenn sie zurückkehrt ..."

„Gott verschlingt uns nicht", sagte er mit verdüstertem Gesicht. „Und wenn wir für ihn sterben, ist das ein bitterer Tod? Aber fern von Gott, ohne Gott, seinen Gott töten ... das muß bitter sein. Und wer das erträgt, ohne zu verzweifeln, für den ist der Tod nichts ... er ist ein Herr des Lebens und des Todes, und er kann mit Ernst und Größe daran gehen, einen neuen Gott zu schaffen und einen neuen Tempel zu erbauen."

„Ich weiß vielleicht nicht ganz", sagte sie leise, „wie du das alles meinst ... ich kann meinen Gott nicht töten und einen neuen erschaffen. Aber ich weiß, daß der sehr einsam sein muß, der so etwas tun will ... sehr einsam und sehr groß. Und daß für ihn nicht da ist, was wir Liebe nennen oder Glück oder Seligkeit ... auch daß er einen Menschen töten kann, oder ein Herz zerbrechen, mit unbewegtem Gesicht ..."

„Weißt du etwas von Wera?", fragte er nach langem Schweigen.

„Sie hat mir geschrieben, aus einer großen Stadt. Ich soll dir nicht sagen, was sie schreibt, aber ich tue es doch. Sie scheint auf irgend etwas zu warten. ‚Wenn es Zeit ist', schreibt sie, ‚dann komme ich zum Frühlingsopfer.' Klingt das nicht seltsam? Es geht mir nicht aus dem Sinn. Es ängstigt mich, und das Herz ist mir schwer, wenn ich daran denke."

„Zum Frühlingsopfer ...", wiederholte Henner. „Ja, es ist ... aber vielleicht bedeutet es nichts Besonderes ... das Wiedersehen mit dem Walde ... so wird es sein." Er versank in Grübeln.

Dann kam Peter, und sie saßen noch eine Weile um die Lampe. Er sah sorgenvoll aus, obwohl über seinem Gesicht die Sorge nur wie ein leiser Schleier liegen konnte. „Ich habe Plurr gesprochen, Henner", sagte er endlich. „Er sah so tückisch aus. Sie planen etwas. Er machte Andeutungen von Gesetzen, den neuen Speichen des neuen Zeitrades, wie er sich ausdrückte. Und ich sollte den Wald grüßen, er hätte es nötig ... Nimm dich doch in acht! Er ist ein gefährlicher Mensch."

„Ja, ja", sagte Henner mit bösem Lächeln. „Ich weiß ... beunruhigt euch nicht! Die Wölfe wachen, sagt der Isegrim."

„Henner!", bat Elsabe. „Dies Wort schneidet mir so ins Herz! Es ist so ruhelos, finster, so gehetzt und blutig ... ich weiß nicht, wie eine Mutter ihr Kind Wolf nennen kann ..."

„Nicht doch!", sagte Henner mit abwesendem Blick und stand auf. „Es ist ein schönes Tier ... der Wolf im Walde ... das klingt mir schön ... sehr schön ... Nun lebt wohl und bleibt glücklich! Ich muß nach Hause, das Eis dröhnt."

Elsabe begann zu weinen. „Ich habe Angst um dich, Henner!", sagte sie schluchzend. „Das Eis dröhnt ... wie du das sagst ...!"

Er streichelte ihre Hand, behutsam und gütig wie vorher. „Immer noch Tränen, Vöglein", sagte er heiter. „Hab' Dank für die schöne Stunde ... Blumen blühen bei dir, und dein Garten ist schön ... leb' recht wohl!"

Durch die warme, unruhige Nacht schritt er auf dunklem, waldbegrenztem Wege zum See, der drohend zwischen den Wäldern schrie. Unter den rauschenden Kronen war ein heimliches Leben, als ziehe alles Wild des Waldes zum Wegrande und stehe hier lauschend und des großen Befreiers wartend, dessen Lanzen schon am Schilde der Eisriesen dröhnten. Ein dumpfes Rauschen lief durch den Wald, wenn die Fichten ihre letzten Schneelasten abwarfen und die Äste streckten, wie Arme, die wieder fessellos ihre Sehnen spannten. Ab und zu schoß ein Stern über den Wipfeln auf, gleich fernen, verabredeten Signalen, und jedesmal atmete der Wald auf, weil die große Stunde näher und näher kam.

„Er wird nicht Wolf heißen", dachte Henner in schmerzlichem Sinnen. „Sie werden ihm einen Friedensnamen geben, Friedrich oder Immanuel, und in Sonne und Frieden werden sie ihn erziehen, in den fernen, fröhlichen Gärten, zu Gottes Füßen ... Er wird die Flöte spielen und vielleicht ein Dichter sein ... das Blut des Geschlechtes wird in ihm schweigen. Er wird lächelnd durch den Wald gehen und Blumen pflücken, und ich bin der letzte, der vor den alten Altären kniet ... Wera wird keine Kinder haben. Sie ist dem grünen Gott hingegeben, fern von irdischer Liebe ... Zum Frühlingsopfer, hat sie geschrieben ... was will sie opfern? Feierlich klingt es und schön ... aber sie wird kommen, ich wußte es ..."

Er trat auf den See hinaus. Das Ufereis war schon brüchig und knirschte müde und gefährlich. Der Schnee schmolz und leuchtete in großen, schmutzigen Flecken auf der grauen Fläche. Ein warmer Atem stieg aus den schwarzen Spalten, und leise dröhnend lief es, jagend und mühsam gebändigt, über die dunkle Tiefe. Drüben am hohen Ufer blickte das Licht des grauen Hauses ihm entgegen. „So werden sie kommen", dachte er finster. „Über das Eis oder über das blaue Wasser, um den Gott des Waldes zu morden und seinen Priester ..." Scharf blickte er in die Ferne. Das Ufer stieg auf, und finster lag der Wald auf der Erde, wie ein regungsloses, schlafendes Tier, und warm und leise ging sein Atem durch die Nacht.

Langsam breitete Henner die Arme aus und schritt ihm entgegen, wie in der Mondnacht, in der das graue Männlein gerufen hatte. Von den Melodien der Tiefe getragen, glitten seine Füße über das Eis. Sein Haupt war zurückgebeugt, als hingen seine Blicke an einem Götterbilde, und flüsternd, mit abwesendem, verklärtem Lächeln, bewegte er die Lippen: „Ich lasse dich nicht ... ich lasse dich nicht ..."

Zehntes Kapitel

Das Frühlingsopfer

Unheimlich, mit krankhafter Schnelligkeit und in brennender Leidenschaft warf der Frühling sich über den Wald. Zuerst hatte es geregnet, Wochen hindurch. Die Wurzeln ertranken in den warmen Strömen, die rauschend auf das Moos herniederfielen, und der Saft schien Rinde und Knospen sprengen zu wollen. Und dann sank, von den ersten Apriltagen ab, das Gold der Sonne mit berauschender Glut in die Tiefen der Erde. Ein brennender Wind strich Tag und Nacht von Süden her über das Land, und keine Wolke schwamm über den blauen Himmel, unter dem die Luft in zitternden Funken sprühte, wie glühender Stahl unter dem Schmiedehammer.

Die Triebe der Bäume schossen auf, die Knospen sprangen mit leisem, fast wildem Schrei, und über Nacht öffneten sich die Blüten zu glühender Üppigkeit und Schönheit. Ein verzehrender, fast unkeuscher Taumel ergriff den Wald. Golden flackerten die Sterne, und heiße Lieder schrankenloser Begier und Erfüllung hoben sich zur Nachtzeit über die bebenden Wipfel.

Und dann, in matter, blasser Erschöpfung, verwehten Blüte und Glanz. Der heiße Wind verzehrte den Saft. Er durchglühte die Wipfel und schüttelte sie, als sei die Ernte schon da. Kraftlos, verzehrt im Übermaß der Leidenschaft, gaben sie ihre Blüten hin, und kaum hatte das Fest der Liebe begonnen, so verloschen schon die Kerzen, und müde und brennend senkte sich die Reue des Rausches auf die erschöpfte Erde.

Als die erste Drossel auf der Douglastanne sang, in einer warmen, regenschweren Nacht, holte der Isegrim fernab vom grauen Hause Wera über den See. Einzelne Tropfen fielen warm und klingend auf das graue Wasser, das von verborgenen Feuern schimmerte, und ziehende Nachtvögel riefen unter dem dunklen Himmel, nach Wegen, die die Lauschenden nicht kannten, nach Zielen, die geheimnisvoll und verborgen waren. Kein Stern stand zwischen den Wolken, aber als das Boot im Schilfe rauschte, erhob sich der Wald über der Uferhöhe wie ein dunkles, warmes Haus, mit schützendem Dach über verschwimmenden Säulen und weit geöffneten Toren. Durch das Klingen und Flüstern der fallenden Tropfen führte der Isegrim sie in die duftende Tiefe der Waldnacht. Um den ersten Fichtenstamm, der grau und gespenstisch vor dem Walde stand, schlang sie mit unterdrücktem Ruf die Arme und legte die Wange an die kühle, herbduftende Rinde. Regen fiel in ihr Haar und rieselte an ihren Wangen herunter, aber sie spürte ihn nur mit glückseligem Erschauern wie Freudentränen einer Mutter, und lächelnd lauschte sie dem feierlichen Wogen, das über ihr durch die Kronen sang und mit leisem Erzittern über die Rinde des Baumes in ihren Körper drang.

Auf einem Fichtenhügel über dem schwarzen Fließ, unter schweren, feuchten Ästen verborgen, lag die Hütte, die der Isegrim ihr bereitet hatte. Das ziehende Wasser warf sein dunkles Rauschen bis unter das niedrige Rohrdach, und alle Lieder des Waldes, der an seinen Ufern stand, glitten mit ihm vorbei, feierlich oder klagend oder in fröhlichem Spiel, wie der Wind im Röhricht bebte oder die Wirbel bald schnell, bald langsam durch die Erlenwurzeln glitten.

Lange saßen sie schweigend auf der Türschwelle und lauschten dem flüsternden Wald. „Isegrim“, sagte Wera endlich, „weißt du, daß die Mörder unterwegs sind?“

Er stützte den Kopf in die Hände und starrte in die Nacht. „Ich weiß“, antwortete er dumpf. „Ruft das Horn nach uns, Tag und Nacht ...“

„Und was wird werden?“

„Der Hauptmann ist der Herr. Er wird wissen.“

„Und wenn er ... wenn er den Wald im Stich läßt? Und geht? Gezwungen?“

„Vöglein, kennst du die Wölfe nicht? Vergehen wird der Wald!“

„Und du?“

„Stirbt der Hauptmann, stirbt sein Knecht ... Lebt der Hauptmann, lebe ich auch.“

„Ohne den Wald?“

„Weiß nicht, Wera. Müde ist mein Kopf ... Kann das graue Männlein sterben? Stirbt der Wald, wird das Männlein am Waldrand stehn und winken. Werden wir ihm folgen. Wird es uns führen, weit über die Erde, wo Bäume wachsen oder Moor liegt oder traurige Heide ... Wird es sagen, wo es zu Hause ist und ein neues Kränzlein flechten und winken, gar leise und traurig ... Kannst nur eine Mutter haben, Vöglein, und weinen auf ihr Grab, aber gehen viele Frauen über die Erde, viele Wolken, viele Sterne ... müde ist mein Kopf, frag’ mich nicht ...“

Sie lehnte den Kopf an den Pfosten der Türe und sah lächelnd hinauf, wo Wipfel und Wolken verschwammen. „Ein Mann kann wohl viele Frauen lieben, Isegrim, aber eine Frau kann nur einen lieben ...“

Woche für Woche lebte Wera in der Hütte am schwarzen Fließ. Nur der Isegrim wußte um sie und kam allabendlich, wenn die Schatten sanken. Der Regen rauschte auf das graue Dach und über das schwarze Wasser. Sie badete ihr Antlitz in der warmen Flut. Sie löste ihr Haar und schritt zwischen die Stämme hinein, leise singend oder lächelnd in die Ferne lauschend, die Hände um die feuchten Zweige gelegt, die sich spielend mit ihren Flechten verwirrten. Sie trank die Schönheit des sterbenden Geliebten, neben dessen Totenlager schon weiß und fröhlich das ihrige bereitet war.

Und dann kamen die brennenden, blühenden Tage, beängstigend in Duft und Glanz, aber wehmütig lächelnd in ihr Herz dringend wie die letzte, diesseitstrunkene Liebkosung eines Sterbenden. Vor ihrer Hütte, flußaufwärts, öffnete sich der Wald zu einem engen, feuchten Wiesenplan. Dort leuchteten die Sumpfdotterblumen gleich vom Himmel gefallenen Sternen, das Schaumkraut wogte in einem weißen Teppich über die Gräser, von purpurnen Adern durchzogen, und aus der dunklen Mauer des Fichtenwaldes brach die Blütenflut der Faulkirsche wie ein rings geschwungener, sprühender Wasserfall aus grünen Felsen. Süß und hingegeben floß das Lied der Drossel aus den Wipfeln, und zwischen Nacht und Morgen ging der Schlag der Sprosser wie ein Blütenstrom flußabwärts durch den Wald.

Hingegeben der Liebe der Erde fühlte sie den brennenden Atem des Waldes bis tief in das schwere Blut hineinfließen wie glühenden Wein, Sehnsucht nach Rausch erweckend, dem edlen Rausch eines Weines, der nur ein einziges Glas füllt mit duftenden, goldenen Tropfen, und den man trinkt, um das Glas an festlicher Wand zu zersplittern, wenn der letzte Tropfen verronnen ist.

Kein Geheimnis verschloß der Wald vor ihr. Wie ein blühender Baum wandelte sie durch sein grünes Schweigen, und das Moos stand unter ihren weißen Füßen auf wie unter dem lautlosen Schritt des Wildes. Eines Morgens fand sie in einem Maiblumengarten ein junges Reh. Es schreckte auf und taumelte auf schwankenden Läufen, bis sie es auf ihren Schoß zog und mit den Armen an sich drückte. Regungslos, mit ängstlichem Ruf, stand die Mutter vor ihr. Sie aber legte das Köpfchen des jungen Tieres an ihre Brust und sah mit glückseligem, versunkenem Lächeln in die feuchten, braunen Augen, in denen der Wald sich spiegelte und ihr eigenes Gesicht. Lange und schweigend trank sie den Blick in sich hinein, wie den Blick einer jungen Schwester, aber traumhaft, glänzend und göttlich wie aus dem Paradiese. Dann blieb sie auf den Knien liegen und sah dem Reh nach, wie es lockend und behutsam das Kind zwischen die wehenden Birken führte, bis sie verschwanden.

Nachmittags drang Hornruf vom See herüber, ein kurzes, schnelles Signal, das hart und befehlend über die Wipfel flog. Sie stand am Ufer des Fließes, als der Ton sie traf, und sah in das Wasser hinab. Sie wendete nicht den Kopf, aber sie erbebte wie unter fröstelndem Nebelhauch und drückte langsam beide Hände gegen das schlagende Herz. Mit einem tiefen, fern sich verlierenden Blick sah sie einmal in die blühende Runde, als trinke sie die letzte Sonnenglut in sich hinein.

Dann schritt sie ruhig und aufrecht am Wasser hinunter und dann auf den schmalen Pfad, den der Isegrim ausgetreten hatte.

Als der Isegrim das Horn an die Lippen setzte, machte Dr. Plurr das Boot am Ufer fest. Als er zur Lindenlaube emporstieg, mit stolz und schief gehobenem Haupte, hockte der Isegrim auf der Türschwelle im Hintergrunde, mit starrem Blick, die Büchse über den Knien.

Dr. Plurr schwebte knickend die Brüstung entlang bis in den Schatten der Linden. „Nun, Alterchen“, sagte er lächelnd und ließ den Daumen fröhlich tanzen, „der Herr Wittich nicht zu Hause? Vermutlich im schönen, blühenden Walde ... oder wie?“

„Warten!“, antwortete der Isegrim kurz und scharf.

Dr. Plurr schwankte etwas zurück. „Nun, nun!“, bemerkte er mit schiefem Lächeln. „Befehlsform ... in der Tat ... nicht ganz angebracht ... aber immerhin ... unter Umständen ...“

Er ließ sich vorsichtig in einem Korbstuhl nieder, schlug die Beine übereinander und ließ seine Fußspitze tanzen.

Dann kam Henner durch den Garten, mit schnellen Schritten, den Hut in der Hand. „Isegrim!“, rief er laut. „Was gibt's?“ Er stand oben in der Laube. Der Isegrim hob den Büchsenlauf, zeigte mit ihm auf Dr. Plurr und sagte: „Da!“ Dann ging er ins Haus.

Dr. Plurr war aufgestanden und hatte sich lächelnd nach links verbeugt. „Was wollen Sie?“, fragte Henner kalt. „Wer hat sie gerufen?“

„Mancherlei, Herr Wittich! Gar mancherlei und vieles, in der Tat! Die Erde blüht, die blaue Luft fließt über die Felder, die Vöglein singen ihre Lieder, da bleibe, wer Lust hat, mit Sorgen zu Haus ... Ein schönes Lied, oder wie? Ich nehme an, daß die Herren Offiziere in fröhlicheren Zeiten gar oft diese Perle der Dichtung beim Liebesmahl in Maientagen gesungen haben ... so ist's!“

„Ich verbitte mir dies Geschwätz!“, fuhr Henner auf. „Was wollen Sie? Ich frage zum letzenmal!“

Dr. Plurr krümmte sich, höhnisch lächelnd. „Hm, hm ... nun, nun ... Befehlsform ... in der Tat ... nicht ganz angebracht ... aber immerhin ... wie Sie wollen! Ich konnte nicht umhin, die wichtige Neuigkeit persönlich zu überbringen. Ein neuer Grundstein im Fundament der neuen Zeit, eine neue Speiche des rollenden Rades, ehern glänzend, in der Tat ... das Gesetz ist da, Herr Wittich, das Gesetz!! Dem Gehorsam gebührt wie allen Gesetzen der Obrigkeit, die vom Willen des Volkes eingesetzt ist und verordnet ... vox populi vox Dei ... Sie erinnern sich vielleicht ... oder wie?"

Henner schwieg.

„Tja, das Gesetz ist da! Kein Gesetz über die Dienstpflicht oder Verwandtes! Weit gefehlt! Ein Gesetz, das mit starkem Arm hineingreift bis in unsre teure Heimatprovinz, bis in die Grenzen unsres Kreises, ja bis in den lieblich und hold träumenden Frieden Ihres Waldes, des Friedens, der allerdings an jenem denkwürdigen Wintertage so jäh vom Knall der Flinten unterbrochen wurde, in der Tat. Das Reichsforstgesetz ist veröffentlicht worden, Herr Wittich, das Reichsforstgesetz!" Er machte wieder eine lächelnde Pause und ließ den Daumen fröhlich tanzen.

„Also angesichts der zwingenden Notwendigkeit, die Erzeugung des Waldes, einer Quelle der Wärme, der Ernährung, der Volksgesundheit zu heben, hat sich das Reichsministerium veranlaßt gesehen, die Hauptrichtlinien in einem Gesetze zu verankern und den Forderungen einer neuen Zeit objektiv und sachlich Rechnung zu tragen ... so ist's! Ich konnte nicht umhin, meinen Nachen nochmals den blauen Wellen anzuvertrauen, um Ihnen persönlich einen Abdruck des Gesetzes zu überbringen, damit Sie Kenntnis nehmen, sich einstellen, vorbereiten gewissermaßen ... Sie wissen, die Pietät, ich achte sie, ich schätze sie hoch ... nicht ohne ein Gefühl des Schmerzes stehe ich Ihnen gegenüber ... aber auf der andern Seite ... das Wohl der Allgemeinheit, die Stimme des erwachenden Volkes ... in der Tat, ein schmerzlicher Zwiespalt ... Ich habe gemildert, besänftigt, nach Kräften, denn auch meine schwache Stimme wurde zu hören verlangt ... aber im ganzen, ich kann verstehen, wenn es Sie nicht ganz leicht trifft, ja.“

„Sonst noch etwas?“, fragte Henner und sah ihn höhnisch an.

„Sollten Sie, Herr Wittich ...“ Er stockte verwirrt unter Henners unbewegtem Blick. „Vielleicht meinen Sie, das Gesetz habe Lücken, die Möglichkeiten der Auslegung seien zahlreich ... wiegen Sie sich nicht in träumerische Sicherheit! Das Wichtigste, gewissermaßen, sind die Ausführungsbestimmungen, auf exorbitante Sonderfälle zugeschnitten, mit meiner Hilfe, ich darf und will es nicht leugnen ... Ich habe sie nicht mitgebracht, um die Eindrücke nicht zu häufen ... die Pietät, Sie wissen ja ... aber das Urteil der Kommission, der Majorität, es war hart, sehr hart ... Sie zeigten wenig Entgegenkommen, sozusagen, und infolgedessen ... ich beklage es einerseits, jawohl ...“

„Fertig?“, fragte Henner. „Dann bitte!“ Er machte eine Handbewegung nach der Treppe.

„Ah!“, sagte Plurr und stand auf. Seine Augen funkelten haßerfüllt. „In der Tat ... ich verstehe! Aber noch sei es mir vergönnt, Ihnen die Richtlinien anzudeuten, die für Sie von persönlichem Interesse sein könnten. Ich habe Gelegenheit gehabt, mit den maßgebenden Stellen der Provinz und des Regierungsbezirkes in Berührung zu treten und die Pläne kennen zu lernen. Da ist zuerst die Wohnungsnot, wie Sie wissen! Eine Folge der verfehlten Politik während des Krieges wie so vieles andre, ja ... Also Ihr Haus, das träumende, romantische, schweigend am Ufer gelegen, wird Mieter erhalten, junge Arbeitslose, denen der Staat zur Hilfe verpflichtet ist. Noch in diesem Jahre werden drei Flächen ... Jagen heißt es wohl, so ist's ... abgeholzt werden, und zwar zuerst bei Ihrem Hause, des Wassertransportes wegen ... Der Wildabschuß wird geregelt werden ... die Quelle der Volksernährung, Sie erinnern sich ... alle Verbote werden natürlich aufgehoben, Holzsammeln, Pilze, Beeren und so fort. Eine Straße wird durch den Wald gehen, um die finsteren Gründe dem Verkehr zu erschließen und die Holzabfuhr zu erleichtern. Mit ihrem Bau soll ohne Verzug begonnen werden, spätestens in vierzehn Tagen, wie man mir versichert hat ...

Neues Leben wird über das schwellende Moos gehen, ein neuer Atem durch die Wipfel ziehen, ein neuer Geist über Erde und Wasser gehen ...“ Er verlängerte sein Kinn mit einer weiten, stolzen, geschwungenen Armbewegung und schnellte den Kopf auf und ab.

Henner war jäh und tief erblaßt. Seine Lippen bebten, und seine Hände schlossen sich krampfhaft um den Büchsenlauf zwischen seinen Knien. „Durch Ihren Kopf aber“, sagte er heiser, mühsam beherrscht, „wird die Kugel aus dieser Büchse gehen, wenn Sie nicht in drei Minuten im Boot sitzen! Isegrim!“, schrie er wild. „Begleite den Menschen zum Ufer! Drei Minuten Zeit! Steigt er nicht ein, die Kugel! Fort!“

Dr. Plurr erbleichte. Des Isegrims Auge funkelte ihm ins Gesicht. „In der Tat...“, stotterte er mühsam. „In der Tat ...“ Dann trug ihn sein schneller, knickender Schritt eilends durch den Garten, unruhig wehend im Seitenwind von rechts, bis das Ufer ihn verbarg.

Langsam griff Henner nach dem Blatt, das auf dem Tische lag, mit roten Bleistiftstrichen gesäumt. Er preßte die Lippen zusammen und schloß die Augen, bis das Blut wieder in seine Wangen stieg und das Herz langsamer schlug. Dann begann er die angestrichenen Stellen zu überfliegen.

„Alle Waldungen sind so zu bewirtschaften, daß bei pfleglicher Behandlung des Bodens und der Holzbestände die Holzzucht zum besten des Gemeinwohls gefördert und sichergestellt wird.

Für Waldungen, die eine durch Landesgesetz festzusetzende Mindestgröße erreichen, sind allgemein periodische Betriebspläne aufzustellen.

Das Landesgesetz hat die zwangsweise Bildung von Waldgenossenschaften für die Fälle zu regeln, in denen eine forstmäßige Benutzung von Wald- und Ödlandgrundstücken zweckmäßig nur auf genossenschaftlichem Wege möglich ist.

Für alle Waldungen muß eine sachverständige Beratung gesichert sein. Das Landesgesetz bestimmt, für welche Waldungen nach Größengrenze und Betriebsart die Aufsichtsbehörde verlangen kann, daß die Eigentümer oder Besitzer für die Bewirtschaftung und den Schutz der Waldungen genügend befähigte Personen bestellen.

Die Durchführung der staatlichen Aufsicht erfolgt in der Weise, daß die Oberaufsicht den staatlichen Organen gewahrt bleibt. Mit der Ausführung der Aufsicht werden die forstlichen Selbstverwaltungs- und Vertretungskörper unter Wahrung eines Rechtsmittelverfahrens beauftragt.

Die Vorschriften dieses Gesetzes sind für die Länder zwingend. Alle entgegenstehenden landesgesetzlichen Vorschriften sind ungültig.

Das Landesgesetz regelt die zur Ausführung dieses Gesetzes erforderlichen Zwangsmittel und Strafen."

Lange blickte er auf die schwarzen Zeilen und die roten Bleistiftstriche. Länger und länger schien ihm das Blatt zu werden, und Satz für Satz standen die letzten Worte Plurrs unter dem gedruckten Tert, von der Beschlagnahme der Räume, vom Straßenbau, vom Wildabschuß, immer mehr, ohne Ende. Er blickte auf den Garten, in dem die letzten Apfelblüten unter dem heißen Winde sich von den Zweigen lösten, über den See, über den Wald, in die blaue, flimmernde Ferne, und langsam fielen zwei Tränen, schwer und brennend, über seine Wangen. Er schrak zusammen und wandte das Gesicht zum Hause, hilflos, verirrt. Dann legte er den Kopf auf seine Arme und weinte, lautlos, von innerer Qual geschüttelt.

So saß er lange. Unhörbar trat Wera durch die Tür in die Laube. Schweigend blickte sie auf ihn wie in die Augen des Tieres, das an ihrer Brust gelegen hatte. Dann stand sie neben ihm und berührte seinen Arm. „Henner!", sagte sie leise, mit gütiger Stimme. „Henner ... du weinst!"

Er starrte sie an, fassungslos. Dann stieg ein brennendes Rot in seine Wangen. „Fort!", schrie er auf. „Geh fort!"

Sie berührte mit ihren Fingerspitzen seine nassen Wangen. „Du weinst!", sagte sie noch einmal, fast glücklich.

Er sprang auf und stieß den Stuhl zurück. „Du sollst fortgehen!“, schrie er wild. „Hörst du nicht?“

Sie schüttelte den Kopf. Er streckte die Hände aus, ohne etwas zu ergreifen, und stürzte durch die Tür ins Haus und die Treppe hinunter.

Wera ließ sich langsam in seinem Stuhl nieder und las das Blatt, auf dem seine Tränen trockneten. Dann faltete sie die Hände im Schoß und schloß die Augen. „Er hat geweint“, flüsterte sie endlich. „Über den sterbenden Wald ... die Altäre sinken ... Gott stirbt ... aber der Tempel soll ihm noch einmal erblühen ... das Allerheiligste soll sich öffnen ... dann ist er hinter Leben und Tod ...“ Sie schlug die Augen zum blauen Himmel auf, durch den die Apfelblüten schwebten, und wieder glitt das Lächeln aus Wehmut und Glückseligkeit um ihre Lippen.

Sie wartete.

Vor Sonnenuntergang kam Henner aus dem Walde zurück. Sein Gesicht sah alt und grau aus, aber seine Gestalt war trotzig und ungebeugt. „Verzeih, Wera!“, sagte er lächelnd und gab ihr die Hand. „Meine Begrüßung war etwas formlos ... ich freue mich, daß du gekommen bist. Zwar wirst du bald fort müssen ... aber es ist schön, daß du da bist.“

Sie nickte ihm zu. „Wenn die Sonne sinkt, Henner, wollen wir in den Wald. Ich habe dir etwas zu zeigen. Der Mond geht früh auf.“ Dann ging sie in ihr Zimmer.

Nach einer Stunde trat sie in des Franziskus Stube. Henner und der Isegrim standen auf und verstummten. Sie trug ein weißes Gewand, mit einer grünen Perlenschnur unter der Brust gegürtet. Das goldene Kreuz schimmerte an einer dünnen Kette. Wie am Hochzeitsfeste stand sie, einer Königin gleich, in dem ernsten Raum. „Es ist mein Festkleid“, sagte sie ernst. „Zum Wiedersehen mit euch! Nun wollen wir gehen, Henner.“

Er nahm wortlos die Büchse von der Wand. Sie trat zum Isegrim und legte die Arme um seinen Hals. „Vielleicht gehe ich wieder fort auf eine Weile“, sagte sie sanft. „Dann sei bedankt für alles! ... Und wache, du Lieber! Hörst du?“

„Vöglein!“, sagte er mühsam, erschreckt. „Du wirst nicht fortgehen ... deine Flügel ...“

„Meine Flügel tragen weit!“ Sie streichelte seinen wilden Kopf und löste langsam die Arme von seinen Schultern. Dann ging sie mit Henner in den Wald.

Sie führte ihn auf den Heidelerchenweg. Das Gras war verbrannt und knisterte unter ihren Füßen. Die Glut des Tages lag unbeweglich zwischen den Stämmen und sandte ihren heißen Atem auf den Weg. Die Drosseln sangen, müde und sehnsüchtig.

Henner hatte den Kopf gesenkt. Die schwere Einsamkeit der letzten Monate erfüllte noch immer sein Herz. Nun streifte sein menschenentwöhnter Blick, dem alles Liebliche fremd geworden war, das Mädchen an seiner Seite, und das leise Knistern der Seide, die sich unter ihren Schritten bewegte, erfüllte ihn mit einer wachsenden, ängstigenden Unruhe, wie das leise Knistern eines schwelenden Feuers in weiter, schweigender Nacht.

Schließlich blieb er aufatmend stehen. „Was ist mit dir, Wera?“, fragte er finster. „Ich kenne dich nicht mehr ... du bist ein anderer Mensch! Was willst du von mir?“

„Komm, Henner!“, sagte sie und blickte den dämmernden Weg entlang in die Ferne. Die ernste Feierlichkeit ihres Gesichtes verwandelte sich langsam, und eine leise, geheimnisvolle Starrheit erfüllte ihre Augen und ihr Gesicht. „Auch der Wald ist rätselvoll, und du fragst ihn nicht ... Hast du geglaubt, ich könnte nie mehr gut und freundlich sein?“

„Aber weshalb bist du so schön?“, fragte er verwirrt, wie ein Kind.

Ihre Augen umschatteten sich, und leise bebten ihre Brauen. „Schön ist ein Menschenwort, Henner ... Der Wald hat sein Festkleid. Darf seine Schwester es nicht tragen?“

„Bist du eine Schwester des Waldes?“

Das rieselnde Laub einer jungen Birke streifte ihre Wange. Sie verhielt kaum merklich den Schritt, als wollte sie ihr Antlitz in das Haar des Baumes schmiegen. „Mir ist“, sagte sie träumerisch, „als könnte ich unter den jungen Birken auf der Waldwiese stehen, mit offnem Haar und bloßen Füßen ... der warme Wind würde nicht erschrecken vor mir, der Regen würde über mich fallen, die Sonne mit mir spielen, ein Vogel über mir singen. Und mein Haar würde rauschen wie das Laub meiner Schwestern, Tag und Nacht, immerfort."

„Wie glücklich du bist!", sagte er mit bitterem Lächeln. „Wie glücklich!"

„Ich habe immer fern von den Menschen gestanden, Henner, und deshalb bin ich der Erde so nahe ... so nahe ..."

Sie führte ihn vom Wege ab, in einen Hainbuchenhorst, und dann auf den schmalen Pfad, der zur Hütte führte. Sie ging voran, mit den Händen das Laub der Birken und Haselbüsche liebkosend streichelnd und das Haupt unter den schweren Flechten zur Seite geneigt, als lausche sie einem fernen Klang. Seine Augen wichen nicht von ihrer Gestalt. Eine schmerzliche, hoffnungslose Bitterkeit erfüllte ihn ganz. Wie eine Blüte des Waldes ging sie vor ihm her, aber ferner, unerreichbarer, obwohl sie ein Mensch war. Schweigend, unnahbar blickte das Rätsel aus ihren Augen. Duft und Farbe und Schimmer waren vor ihm, mit den Händen zu greifen, zu halten, zu streicheln, aber unendlich weit war ihre Seele, und kühle Schauer flossen aus dem Gedanken der Vereinigung. Vielleicht hatten seine Vorfahren, deren Blut in ihm floß, solche Frauen in ihren finsteren Wald geholt, um ihr Herr zu sein, des Leibes und der Seele, und hatten sie getötet, wenn sie ihnen entglitten auf unfaßbarer Bahn, wie der Duft einer Blüte sich vom sehnsüchtigen Antlitz reißt und dem warmen, weglosen Winde folgt ... Weshalb war sie wiedergekommen? Qualvoll wieder war das Rauschen des Waldes, unsagbar fern und selig die Lieder des grünen Gottes, und sie in seinen Armen, dem Schmerz des Menschseins entgleitend wie eine Gottesbraut im Feiergewande ... Zum Frühlingsopfer, hatte sie geschrieben ... Wem würde sie opfern? Was würde sie auf den Altar legen? ...

Sie standen am schwarzen Fließ. Dämmerung fiel über den Wald. Die Wiese schwamm wie eine glänzende Wolke unter den Sternen dahin. Wera hob den Arm nach der Hütte. „Hier habe ich gelebt“, sagte sie, „Woche für Woche, seit die Drosseln zurückgekehrt sind.“

Er lag am Fuße des Hügels, den Schirm der grünen Äste über sich, das gequälte Gesicht in den Himmel gewendet. „Weshalb?“, fragte er bitter. „Weshalb erzählst du mir das alles? Hab’ ich denn teil an deinem Leben?“

Sie setzte sich an seine Seite in das Gras. Die Starrheit ihres Antlitzes vertiefte sich, von leisem Zucken des Schmerzes durchbebt, als drücke eine graue Hand ihr Herz zusammen.

Betäubend dufteten die Maiglöckchen, voll schwerer, süßer Sehnsucht, als senkten ihre Wurzeln sich tief durch die Erde bis in goldene Paläste, wo die Elfen in blauen, schwankenden Blumenkelchen saßen und zu Silberharfentönen die Lieder sangen, die in die Träume der Menschen dringen, daß sie weinen und aus dem Schlafe erwachen, mit allem Weh der einsamen, dunklen Menschennächte, wo die Sterne langsam und golden in die Wipfel der schweigenden Wälder fallen. Das Wasser zog mit leisem Rufen abwärts in die Welt hinaus, wo das Schilf erbebte, wo der See begann und andre Seen, einer immer dunkler als der andre, zwischen den fernen Wäldern, an deren Fuß sie spülten, über denen wieder Sterne standen, zu denen wieder Menschen emporblickten, voller Einsamkeit, voller Sehnsucht, oder lächelnd versunken in erfüllende, beseligende Zärtlichkeit ... Ein Vogel schlug hinter der blühenden Insel, leise und träumerisch, und ein zweiter antwortete, als ob zwei Herzen aneinander schlügen, unter hoher Sternennacht, in Träumen der Liebe.

„Hörst du den Vogel?“, fragte sie leise. „Wie schwer die Nacht ist ... süß und verwirrend! Hast du teil an seinem Leben? Du glaubst, er denke an seine Geliebte ... er denkt nicht ... nur du denkst an die Liebe, und dann ist es nicht mehr die Liebe ... Aber nicht das wollte ich dir sagen ... Sie werden deinen Gott töten. Weißt du es?“

„Sie werden ihn nicht töten!“, sagte er langsam und schwer.

„Henner!“ Sie beugte sich über ihn und starrte in sein Gesicht, als stehe dort all sein Denken zur Antwort bereit. „Was wirst du tun?“

„Sie werden ihn nicht töten!“, wiederholte er.

„Dann wirst du es tun?“

„Ja, ich werde ihn töten!“, sagte er dumpf. Seine Hände glitten zuckend über das Gras. „Mit diesen Händen werde ich ihn töten, meinen eignen Gott. Meinen Gott!“ Seine Stimme brach.

Sie drückte ihre Hände gegen das Herz, und ihre Augen leuchteten wie in Seligkeit in die Nacht hinaus. „Henner!“, rief sie fast schluchzend. „Es ist wahr? Kein fremder Fuß wird über dieses Gras gehen? Keine fremde Kugel wird meine Rehe töten? Keine Axt wird meine Bäume fällen? Henner! Ist es wahr?“

„Sie werden ihn nicht töten!“, wiederholte er.

„Schwöre es mir!“

„Ich schwöre es dir!“

Sie breitete die Arme aus und zog sie langsam vor ihre Brust zurück, als nehme sie das ganze blühende Reich ihrer Augen an ihr Herz. „Und wie ... wie wirst du ihn töten?“

„Frage nicht! Kein Gras wird stehen, kein Wipfel wird rauschen, kein Vogel wird singen!“

„Kein Gras ... kein Wipfel ...“, flüsterte sie erbebend. „Und dann wirst du sterben?“

„Ich sterbe nicht!“, sagte er hart.

„Wie kannst du leben ohne den Wald? Ohne Gott?“

„Ich kann Götter töten und Götter erschaffen! Ich kann den Tempel zerstören, ich kann die Altäre stürzen und das Bild Gottes vernichten, aber sein Odem fährt weit über die Welt ... Er ist nicht einzig, er ist überall ... er ist ewig und unendlich ... Siehst du das Birkenstämmchen zu deinen Füßen? Es ist nicht höher als deine Hand. Aber wenn ich es mitnehme aus dem gestorbenen Wald, nehme ich Gott mit, wohin ich gehe, seinen Odem, seinen Samen, seine Lieder, seine

Sterne ... Ich kann ihn an meinem Herzen tragen und kann ihn einsenken in die neue Erde ... Wir bringen unsre Jahre zu wie ein Geschwätz ... der Mensch vergeht, der Wald vergeht. Aber der Acker bleibt, die Erde, Gott! Und kann ich ihn nicht glühend in mein Herz versenken, so kann ich ihn doch an meinem Herzen tragen, einsam und liebeleer, und kann ihm Wurzeln geben zu neuem Wipfelrauschen!"

„Du weißt nicht, was der Vogel singt", sagte sie ergriffen. „Aber du bist größer als ich. Nie wirst du ein Kind Gottes sein. Sein Priester, hart und einsam, wirst du bleiben, und seine Lippen ..."

„Werden mich niemals küssen", vollendete er in bittrer Schwermut.

Sie schwieg. Der Mond stieg über die blühende Wiese. Langsam und feierlich, einem Sämann gleich, schritt er über das blaue Himmelsfeld, silberne Saat mit segensfroher Hand über die Tiefe der Erde streuend, daß die Wipfel erglänzten und Wiese und Fluß, die Gräser und das Laub, das Moos und die Zweige. Leise rieselte es durch den Wald und häufte sich zu silbernen Bergen. Die Kelche der Blumen neigten sich, die Halme des Schilfes erbebten, und zitternd baute sich eine schimmernde Brücke über das dunkle Wasser, das von der Ferne sprach, der selig glänzenden, nach der man wandeln könnte, über die silberne Brücke, über die leuchtende Wiese, durch den flüsternden Wald und über seine Wipfel zu den Sternen empor, unter denen der Sämann über die Himmelsstraße schritt, langsam und feierlich. Noch immer schlugen die Vögel, Herz an Herz, unter hoher Sternennacht, in Träumen der Liebe.

„Du bist größer als ich!", wiederholte sie träumerisch, das Antlitz zum Monde emporgewendet. „Wir sinken nieder in ohnmächtiger Erschöpfung, des Kampfes müde ... du aber nimmst die sinkende Fahne und schreitest einsam und verlassen in die Welt hinaus, und unter ihrem grünen Tuche wirst du sterben ... Ich habe dich gehaßt ... nun hasse ich dich nicht mehr ... Schwer und bitter wird dein Leben sein, ohne Freude und ohne Liebe ... zu Stein wird dein Antlitz werden und zu Stein dein Herz ... Über den Häuptern der Menschen wirst du leben und zu den Füßen Gottes, und kein Stuhl ist dir bereitet zwischen ihnen ... Ich bin ein Mensch wie du, aber ich bin eine Schwester des Waldes. Der Kuß des grünen Gottes hat mich gestreift, und ich weiß, wohin das graue Männlein winkt. Ich kann ihm folgen, wenn ich will ... aber kann ich es dir erzählen? Kann ich dir helfen in deinem schweren Leben? Kann ich dir danken dafür, daß sie den Wald nicht töten werden? Kann ich dir sagen, was die Wipfel rauschen, was der Vogel singt? So daß du es verstehst, daß es dich hinausgeleitet in dein einsames Leben? Daß du einmal nur den Schlag des Gottesherzens spürst?“

Er schwieg. Sein Gesicht leuchtete blaß und schmerzlich im Widerschein der mondbestrahlten Zweige. „Mir ist wie in einem Traume“, sagte er dann leise und stockend. „Ich höre ein Wort ... fern und seltsam ... mir ist, als verstehe ich es ... und dann ist es wieder weit ... hinter dem Wasser ... unter den Sternen ... du sprichst wie der Wald ... der Bruder, der unergründliche ...“

Sie beugte sich über ihn und zog sein Haupt an ihre Brust. „So habe ich heute ein Tier des Waldes an meinem Herzen gehalten“, sagte sie. „Der Wald spiegelte sich in seinen Augen, der Himmel, die Sonne ... und tief im Grunde mein Antlitz, als eine Schwester unter ihnen ... Siehst du nicht den Wald in meinen Augen, den fernen Gott, der mein Bruder ist?“

Er schüttelte den Kopf. „Ich sehe nur dich!“, flüsterte er mit schmerzlichem Lächeln.

Sie neigte sich tiefer über ihn und drückte ihre Lippen auf seinen Mund, in einem langen, lautlosen Kusse. Seine Augen versanken suchend in den ihrigen und kehrten ratlos und verzweifelt von den tiefen Quellen zurück. Ein unsagbarer Duft von Wald und Erde strömte aus ihren Lippen, schwer und fremd wie damals in der ersten Regennacht im Frühlingswald, aber sie waren kühl und blaß, und ihr Kuß ging wie der Nachtwind über seine Seele, träumend und rätselvoll, mit einer leisen, erschauernden Fremdheit.

„Fühlst du nicht den Wald in meinen Lippen?“, fragte sie wieder. „Den fernen Gott, der mein Bruder ist?“

„Ich fühle nur dich!“, flüsterte er, schmerzlicher noch als vorher.

Sie ließ seinen Kopf auf das Gras zurückgleiten. „Ich kann nicht mehr sagen oder sein“, sagte sie mit vergehender Stimme. „Und du nimmst mein Opfer nicht an ... so hart bist du ... hart bis zum Tode ...“

Sie stand auf und ging zum Wasser hinunter. Die silbernen Körner fielen in ihr Haar und glitten in die Falten ihres Kleides. Die flimmernde Brücke über dem dunklen Wasser wurde von ihrer Gestalt geteilt, wo die grüne Perlenschnur um ihren Körper lief. Es sah aus, als schwinge sie sich in ihr Herz und versinke dort wie in einem tiefen Brunnen, um an der andern Seite wieder herauszusteigen und nach dem Ufer zu glänzen, und ihre silbernen Geländer bebten leise, wie vom Herzschlag der dunklen Gestalt bewegt.

Sie blickte in das ziehende Wasser hinunter, das leise rufend an ihr vorbeiglitt, unter den glänzenden Erlenwurzeln hindurch, in das bebende Rohr hinein, und weiter in den lautlosen, schweigenden Wald, über dem die Sterne standen und die hohen Götter wandelten, daß die Wipfel sich neigten, ferner und ferner, bis über die Erde hinaus.

Der Vogel schwieg. Flußaufwärts rief es noch einmal, träumend und versinkend, als habe Herz zu Herz gefunden und entschlafe im silberrieselnden Gebüsch. Dann sprach nur noch das Wasser, klarer und vernehmlicher, fernere Stimmen erhebend, die bisher geschwiegen hatten: aufwärts, wo die Wiese im Hochwald verglänzte, und abwärts, wo des Moores Riedgras in den Spiegel tauchte.

Langsam kehrte Wera zurück. Sie beugte sich über ihn und berührte seine Hand. „Komm!“, sagte sie mit leiser, trauriger Stimme.

Sie legte den Arm um ihn und schritt mit ihm den Hügel hinauf und in die Hütte hinein, wo das Mondlicht in Tropfen auf dem Rohrdach lag, gedämpft und einzeln, als hätten die Tannen es verloren aus ihren silberbeladenen Wipfeln.

Unter der brennenden Sonne des folgenden Tages kehrte Henner vom grauen Hause zur blühenden Waldwiese zurück. Die Sterne hatten noch über den Wipfeln gestanden, als sie ihn gebeten hatte, zu gehen und sie um die Mittagszeit wieder zu holen. Ihre kalten Lippen hatten gebebt, und gehorsam hatte er sie verlassen. Nun öffnete er leise die Tür und blickte hinein. Grün-golden floß die Dämmerung der Fichtenzweige durch das kleine Fenster in den Raum. Er sah die weiße Seide schimmern und sah sie schlafen, das Gesicht in den Schatten gewendet. Er beugte sich ergriffen über sie und berührte ihre Hand. Er berührte ihre Arme, ihr Antlitz ... Dann brach er vor dem Lager in die Knie, niedergeschleudert von einer kalten Faust. Seine Stirn fiel in die kühlen Falten ihres Kleides ... Wera war tot.

Als die Kälte des Todes in seinen Körper floß und ihn bis in die letzten Nerven erfüllte, nahm er den Brief aus ihren Händen. Die stolzen, geraden Buchstaben standen schwarz und drohend vor seinen Augen, gleichmäßig und ohne Beben wie Lanzen eines Heereszuges. Ihre Hand hatte nicht gezittert.

Dann las er.

„Lieber Henner!

Ich bin zum Sterben in den Wald gekommen, und du brauchst dir keine Vorwürfe zu machen, daß du mich nicht vor dem Tode behütet habest. Kein Mensch kann das. Auch du nicht. Ich mußte mit dem Walde sterben, und ich bin glücklich gestorben. Ich habe gesehen, wie du um die Seele des Waldes gerungen hast. Er antwortete dir nicht. Ich habe dich hierher geführt, um dich einmal zu küssen. Nicht Liebe hat mich getrieben. Aber einmal sollte der Wald mit meinen Lippen zu dir sprechen, um dir zu danken für das, was kommen wird, und dich nicht weichen zu lassen von dem Wege, den du gehen willst. Du hast sein Wort nicht verstanden, das aus meinem ersten Kusse sprach. Es war nur ein Tropfen für deine Sehnsucht. Da habe ich mich geopfert, und vielleicht hast du jetzt verstanden. Denke nicht, daß es Glück war! Viel eher war es bittres Leid. Ich habe dich gehaßt, und ich habe immer gewußt, daß ich sterben müßte, wenn ich dich einmal lieben würde. Ich weiß nicht, ob ich dich nun liebe. Du bist der Priester des Waldes und unsres Blutes, und dem Priester habe ich mich geopfert, nicht dem Menschen. Aber danach muß man sterben. Du bist nun geweiht zu den höchsten Dingen. Niemals wirst du dem Gott des Waldes näher kommen als jetzt. Außer vielleicht im Tode, aber jeder stirbt seinen eignen Tod. In meinem Zimmer liegt eine Altardecke. In die sollst du mich hüllen und neben Franziskus in die Erde legen. Ich will keinen Sarg. Nur Tannenäste sollst du über mich legen und dann Erde. Elsabe soll nichts wissen, bis das Kind geboren ist. Was ich habe, sollst du ihr geben. Du sollst den Ring von meinem Finger ziehen, der der Ring unsres Geschlechtes ist. Die Goldplatte mit dem Zeichen hat der Isegrim mir aus dem Walde gegraben. Es ist ein Runenzeichen, sehr alt, und bedeutet ‚Not'. Ich weiß, daß du nicht weinen wirst. Du hast Gott zu dienen. Nur eines will ich dir noch sagen: Glaube nicht, daß die Liebe zum Weibe erlösen kann! Das ist ein Irrtum. Erlösen kann nur die Liebe zur Erde, zum Walde. Laß deine Fahne nicht sinken! Hörst du? Laß sie nicht sinken! Liebe die Wolken, den Wald, das Gras! Lebe mutig und tapfer! Und stirb wie Franziskus!

Wera."

Er setzte sich auf das Totenbett und wendete ihr Antlitz so, daß es auf ihn blickte. Mit tränenlosen Augen starrte er in ihre versteinerten Züge. Sie waren noch herber als im Leben, die Linien des Schmerzes nicht ausgelöscht. Hinter den blassen Lippen lag fest verschlossen das Geheimnis. In der Sternennacht hatte er es verstanden, das Wort des Waldes, nach dem er gerungen hatte. Nun war es wieder fort. Niemals mehr würde es ihm erklingen. Er war eins gewesen mit der Erde, dem kühlen, schweren Duft jener Regennacht, in der feierlich rauschenden Glückseligkeit eines anderen Lebens. Nun würde er nie mehr eins sein mit etwas, nur mit sich selbst, einsam, ein Mensch. Sie hatte ihm Gottes Wesen geschenkt und wieder mitgenommen. Nun stand Gott wieder außer ihm, und ewig würde es so bleiben.

Hoch und ferne rauschte der Wald.

Als die Sonne sank, trat er vor die Hütte und rief mit dem Horn nach dem Isegrim. Dann saß er über dem schwarzen Wasser und blickte in die ziehenden Wirbel hinunter, in denen die späte Sonne wie perlendes Blut leuchtete.

Mit unruhigem Blick stand der Isegrim vor ihm. „Du hast gerufen, Hauptmann!"

„Geh hinein!", sagte er finster.

Als der Isegrim zurückkam, war sein Gesicht fahl. Er lehnte an einem Fichtenstamm und hielt die Hände um den Lauf der Büchse gespannt. „Hauptmann!", stöhnte er. „Du bist kein Frauenmörder, nein?"

„Isegrim!", rief Henner und stand auf. „Sie ist glücklich gestorben", setzte er leise hinzu. „Das graue Männlein ist bei ihr."

„Das Männlein ... ja das Männlein ...", flüsterte der Isegrim.

„Wo ist das Boot?"

„Aufwärts, hinter den Reiherbäumen."

„Geh heim, Isegrim, und grabe das Grab, neben dem Franziskus."

Henner holte den Kahn. Er füllte ihn mit Birkenzweigen, bis über den Rand. Dann trug er sie hinunter, das weiße Antlitz an seiner Brust, und legte sie in die Zweige, die sich über ihr schlossen.

Langsam trug das schwarze Wasser sie fort, unter den Erlen hin, durch das Riedgras des Moores, durch den hohen, traurigen Fichtenwald auf den See hinaus und zur Uferhöhe, wo düster und gewaltig die Schirmfichte ragte. Er trug sie empor und legte sie neben dem Grabe nieder. Dann holte er die Altardecke und hüllte sie um die Tote.

Der Mond stieg über dem Walde auf und warf die Silbersaat über die Erde. Die Fichtenzweige glänzten, das Grab blieb im Schatten.

Er warf die Birkenäste hinein und stieg selbst hinunter, um sie auszubreiten. „Gib sie mir!", sagte er leise zum Isegrim.

Der Isegrim kniete über der Leiche und zog die Decke vom Gesicht. „Vöglein, armes, dunkles", flüsterte er mit ersterbender Stimme. „Weit tragen dich deine Flügel, gar weit von uns! Bist so einsam gewesen im grünen Wald, unter dem finstren Tann, einsamer als das scheue Reh ... war dein Wald, dein Wald allein, dir und dem grauen Männlein ... ist dein Haar wie dunkles Gras und trägst ein Kränzlein Vergißnichtmein darin ... weit tragen dich deine Flügel, gar weit ...

bleibt der Wolf allein im wilden Wald, kein Vöglein singt, kein Männlein winkt ... Komm hinunter ins kühle Haus ... zieht dir der graue Wolf die weiche Decke übers Leidgesicht ... so, Vöglein, so ... geh nun schlafen, armes, dunkles ... der Isegrim wacht ...“

„Gib sie mir!“, sagte Henner dumpf.

Er empfing sie in seinen Armen und bettete sie zu seinen Füßen in die dunkle Gruft. Kein Mondstrahl fiel hinein. Leise rieselte der Sand in das zitternde Laub.

„Reich' mir die Äste!“

Er legte die dunklen Fichtenzweige über die Tote, höher und höher, bis sie nicht mehr zu sehen war. Sein Herz schlug so schwer, daß es ihn verlangte, sich niederzulegen und zu schlafen, die Arme um ihr Haupt gebreitet, Tannenduft und kühle Erde über sich. Er sank zusammen und starrte lange voller Qual in das Dunkel zu seinen Füßen.

„Vöglein, armes ...“, murmelte kniend der Isegrim, „schlaf mir wohl im dunklen Haus ...“

Da hob Henner die Arme empor und ließ sich hinaufziehen vom Isegrim, daß die Erde nicht dumpf in schweren Stücken über die Tote falle. Mit den Händen ließen sie die Erde hinabgleiten. Es rauschte in Nadeln und Laub, dann rieselte nur Erde auf Erde.

„Geh heim, Isegrim!“, sagte Henner. „Ich wache.“

Der Isegrim stand auf und starrte abwesend über den See. „Heim, Hauptmann? Wo ist heim? Heim ist das Vöglein gegangen ... ich kann nicht heim...“

Henner stand auf. Langsam straffte sich seine Gestalt, härter wurde seine Stimme. Er trat unter die hohe Fichte und schloß die Äste hinter sich, als gehe ein Priester von den Straßen des Lebens wieder in sein Heiligtum. „Geh ins Haus!“, sagte er zurückgewendet. „Und mache Patronen! Die Mörder kommen!“

Der Isegrim ging. Der Mond stand über dem See und baute seine Brücke bis unter das hohe, schwarze Ufer, in die Tiefe der Erde hinein. Sie bebte leise wie unter den Füßen derer, die in der Tiefe der Erde schliefen und nun hinauswandelten auf dem silbernen Steg, über Wellen und Wipfel, zu den Sternen hinauf, weit fort von den Menschen und ihren Tränen. In der Ferne des Waldes schlug der Vogel, am ziehenden Wasser oder über der glänzenden Wiese. Langsam, ganz langsam drehte sich das Silberrad der Nacht über die Erde. Speiche auf Speiche, aus flimmernden Sternen, stieg über dem Walde auf, staublos, funkelnd wie aus glänzendem Meere, und Speiche auf Speiche versank hinter dem Walde, lautlos verlöschend in schweigender Flut.

Ehern und unerbittlich drehte sich die Nabe des Rades tief im Grunde der Erde. Durch Länder und Meere glitten die schimmernden Speichen, durch Wälder und Felder, durch Blüte und Frucht. Tief aus dem Grunde der Erde aber, vom Gleiten der ehernen Nabe, die die silbernen Speichen hoch und gewaltig durch das Weltall kreisen ließ, zitterte es herauf, daß die Wasser erbebten, daß die Wipfel schauerten, daß das Mondlicht zerfloß und zerstäubte, das uralte Lied der Ewigkeiten, das zwischen zwei Tönen auf und nieder floß, steigend und fallend, der Sonne gleich, dem Meere und dem Waldesrauschen: „Anfang und Ende, Samen und Ernte, Aufgang und Niedergang, Leben und Tod.“

Elftes Kapitel

Die Götterdämmerung

Die Sonne versengte den Wald. Das Gras wurde gelb und zerbrach unter dem müden Schritt des Wildes. Die Nadeln in der Kiefernschonung um das Haus wurden rot, als zuckten verhüllte Flammen aus der Erde, und in den Dickungen knisterte es, als zerbröckele das grüne Leben und zerfalle in Zunder. Der Wald blühte nicht. Grau, wie geballter Staub, standen die Wipfel unter dem glühenden Himmel, flimmernd in der brennenden Luft, und wenn zur Nachtzeit die Sterne in die Wälder schossen, sah es aus, als müßte es aufflammen, in einer einzigen glühenden Lohe und in wildem Brausen über die Erde fahren. Der Spiegel des Sees sank, das Schilf verdorrte, und wenn das Abendrot aufbrannte hinter dem Wasser, stand es mit glühenden Füßen im See, als warte es darauf, daß er in der dürstenden Erde versinke, um sich mit jähen Sprüngen auf den Wald zu werfen und die Fackeln in die Wipfel zu schleudern.

Jeden Morgen und jeden Abend stand Henner vor dem Isegrim und sah ihm ernst und mahnend ins Gesicht. „Kommt Regen, Isegrim?“ Der sah nicht einmal zum Himmel auf, der wie schmelzendes Erz über der Erde lag. „Kommt kein Regen, Hauptmann! Nicht Vogel noch Tier weiß von ihm.“

Kein Schlaf kam in ihrer beider Augen, nur das leise Träumen des Wildes, das auf den Knall der Büchse wartet. Drei Nächte lang fuhren sie Boot an Boot zum stillen Waldweg am jenseitigen Ufer, wo Peter Lenze mit dem Wagen stand, und stöhnend schleppte der Isegrim Last auf Last mit seinen Riesenschultern.

Dann war das Haus bereit, und sie gingen vor Sonnenaufgang in den Wald, da wo der Heidelerchenweg in die Ebene mündete und die grauen Wipfel nach den fernen Hügeln blickten. Der Isegrim drückte die Fäuste gegen die Brust. „Hauptmann!“, stöhnte er. „Du bist der Herr! Kein andrer Weg? Kein andrer?“

„Keiner!“, sagte Henner finster. „Geh!“

Und dann begannen sie, das Wild zu morden. Der Isegrim brach durch die Dickungen, Kugel auf Kugel versendend. Und an den Wechseln stand Henner, und scharf und böse antwortete seine Büchse dem Todesschrei aus der Dickung. Splitternd flog die Rinde über das welke Moos, und schnell verrann der edle Schweiß des Wildes in der dürstenden Erde. Manchmal glühten die Büchsenläufe, so schnell brach Schuß auf Schuß aus dem dunklen Rohr. Dann legten sie die Stirn an die Rinde der Bäume und schlossen die Augen in qualvollem Weh. Groß war der Wald, und vieler Tiere Heimat lag zwischen seinen ragenden Stämmen.

Langsam näherte sich der düstere Mord dem Ufer des Sees, über den noch immer der brennende Wind zog, waldeinwärts zwischen den Stämmen verglühend. Die Sonne brannte auf das verendete Wild, und langsam stieg der Totengeruch über den Wald und hing zwischen den Wipfeln, schwer und drückend wie über einem Schlachtfelde.

Dann war der Wald tot. Nur die Krähenschwärme taumelten schwerfällig und träge um die schweigenden Kronen und senkten sich in die verwesende Tiefe. Müde und gebeugt, in starrem Schweigen, saßen die beiden in der Lindenlaube. Rein zog der Wind vom See herüber und über das Haus hinweg. Kein Ton erklang durch den fallenden Abend, aber heimlich, in verborgenem Grauen, lauschten sie beide nach dem Walde hinüber, als rühre es dort im Dunkel der Stämme zuckende Glieder und verröchele ersterbend und jammervoll, mit wehem Entsetzenslaute: der gemordete Wald.

Seufzend hob Henner den Kopf, aus schweren Träumen erwachend. „Wohl denen, die in kühler Erde schlafen!“, sagte er bitter. „Möchtest du nicht hinunter, Isegrim, ins kühle Haus?“

Der Isegrim kauerte in seiner Ecke, die Hände vor den Augen. „Wir finden nicht zum grauen Männlein, Hauptmann!“, antwortete er dumpf. „Müssen wandern, weit in die Welt, fort vom toten Wald ...“

Henner zog einen Briefumschlag aus der Tasche, nahm ein Blatt heraus und betrachtete es lange. „Komm her, Isegrim!“, sagte er endlich. „Hier ist es: weit in der Welt ...“

„Ein Tännlein“, flüsterte der Isegrim. „Ein Tännlein im weiten Moor ... da wird die Hütte stehen, Hauptmann!“

Henner nickte.

„Und was ... werden wir ...?“

„Gräben graben, Isegrim! Mit schwarzem Wasser ... und Torf graben ... und ... das zweite Tännlein pflanzen, drei, hundert, noch mehr ...“

„Nehmen wir mit, Hauptmann! Eins, nur eins! Will es selbst ausgraben ... und ein Birkenstämmchen ... daß wir zur Freude etwas haben, vom grünen Laub ...“

„Wird wenig Freude um uns sein, Isegrim!“

Die graue Riesenfaust streichelte über seine Schulter. „Bist jung, Hauptmann ... hab’ mehr erfahren ... grau war der Franziskus in einer Nacht und hat wieder gelacht, als die Vöglein kamen ... kommen nicht wieder, schlafen im Garten und im kühlen Haus ... Hauptmann! Sonne wird ja scheinen überm Moor, Mond wird mit der Birke spielen ... Hauptmann! Jäger sind hart!“

Henner nickte und stand auf. Er stützte die Faust auf den Tisch, als trügen seine Füße ihn nicht mehr. Drohend blickte er über den See ins versinkende Abendrot. „Siehst du mich weinen, Isegrim“, sagte er heiser, „schlag an die Büchse! Die Fahne! hat sie gesagt in der Todesstunde. Verstehst du, Isegrim? Laß deine Fahne nicht sinken! So hat sie gesagt!“ Er brach ab und trat an die Brüstung. Langsam hob sein Haupt sich zu den ersten Sternen, die sich oben entzündeten. „Morgen, Isegrim!“, sagte er hart. „Nun laß uns schlafen!“

Schwül und taulos war die Nacht. Regungslos hing das Espenlaub im Licht des Mondes. Ferne Götter nahten sich dem Walde. Schwermütig neigten sie das Haupt im Totengeruch. Sie standen vor den

Waldessäumen und starrten düster auf den brechenden Tempel, unter dessen Gebälk die Lohe schlief. Unhörbar stiegen die funkelnden Speichen über den Horizont.

Und dann, um Mitternacht, begann es. Das Wasser des Sees erschauerte unter dem leisen Wind, der heimlich das Ufer hinaufstieg und sich in der Schonung verlor. Ein Leuchtkäfer schoß auf in zuckendem Fluge wie ein Signal und versank. Stärker wehte es über den See, trieb blitzende Wellen vor sich her wie fließendes Metall und rührte mahnend an den Espenstämmen. Das Gras begann zu flüstern, und rieselnd fielen die Nadeln aus den Schonungen. Schwermütig erwachte der Wald. Leise und weithin sich schwingend zog es durch die wehenden Wipfel, ein ferner Orgelton, lang hinhallend, ersterbend und näher rauschend, in Akkorden, in Chören, aufbrausend zu einem Klageschrei und tief in Wehmut versinkend, über den ganzen Wald gleich einer einzigen, sich türmenden Woge, mit fernem Brandungsdonner an den Hügeln zerrinnend: Langsam betraten die Götter den Wald.

Die Vögel erwachten und riefen unruhig, leise durch die schwankenden Zweige. Das schwarze Wasser rauschte auf, und die letzten Blüten taumelten von den Zweigen. Sterne schossen in das Wipfelmeer und verloschen lautlos wie im heißen Meer. Leuchtkäfer sprühten aus der Dunkelheit und vergingen wie Funken in der Nacht des Waldes. Die Birken brannten in weißer Glut und warfen Feuer in das Moos, wo dunkle Hände es faßten und verbargen, unter gekrümmten Wurzeln, unter moosigen Steinen, wo es sich häufte und wuchs, bereit, hervorzubrechen, wenn die Stunde kam.

Und in den wirren Träumen der Nacht schritten die Götter abschiednehmend durch den Wald, Erbarmen in den glänzenden Augen, Segen in den blassen Händen. Leise streiften ihre silbernen Füße das tote Wild der grünen Räume, leise glitten ihre Hände über die gebrochenen Augen, leise wehte ihr duftendes Haar um die sausenden Wipfel, und leise schritten sie wieder aus dem Walde, über das glänzende

Gras der Ebene, über die fernen Hügel, nach den goldenen Toren ihrer Heimat.

Die Sterne verblaßten, die Sonne stieg über den Wald. Aber unruhiger brausten die Wipfel, schneller liefen die Wellen, heißer flimmerte und sprühte die Luft, bis um die zehnte Stunde der Wald aus wirren Träumen fuhr, aufstöhnend in jagender Angst, bis das Dach des grauen Hauses aufbrechend sich spaltete und, vom Winde zerfetzt, die glühende Lohe prasselnd und brausend zwischen die Linden hinaufschlug und über die Wipfel hinweg in den grauen Himmel schoß, unter dem sie sich teilte und in sprühenden Funken den Wald überschüttete, der ihr in zuckender Flamme entgegenschlug. Über der Uferhöhe aber, den ganzen See entlang, stand der Gott der Abendröte, mit den glühenden Füßen, und schleuderte jauchzend die lodernden Fackeln weithin die Ufer entlang, und nah und fern brachen die Flammen aus der Erde, ein jauchzender Antwortschrei, und liefen, die Arme verschränkend, auf Flügeln des Windes, siegesbrausend in das zu erobernde Land.

Der Wald brannte.

Zuerst brannte die Schonung auf, wie mit einem einzigen Schlage, als habe ein rotes Ungeheuer unter der Erde gelauert und springe empor, Zweige und ganze Kiefern hinaufschleudernd. Die Flut der roten Nadeln zerstob in tausend Funken, ausgelöscht, einem Traume gleich. Glühende Fetzen taumelten durch die Luft, sanken zurück, zersprühten in schwebende Sterne und lösten sich auf, wesenlos, ohne Spur. Schwarz und gespenstisch stand das Gerippe der Schonung da, mit schlagenden Zweigen, über die die Flammen tanzten, springend und zuckend, von Ast zu Ast, in wahnsinniger Gier, und schwer und dunkel, die Sonne verhüllend, stieg die Todeswolke über den Wald, finster kreisend wie mahlende Wirbel und an den Rändern weiß und böse erglühend wie Gewitterwolken hinter ertrinkender Sonne. Vögel schossen wie sinkende Sterne aus der mahlenden Wolke, taumelten haltlos und irr über der Lohe und versanken glühend wie springende Funken in den Zweigen. Ein hohles Brausen zog über die Erde, dröhnend wie

Gebläse durch einen glühenden Ofen, in dem die Metallblasen knatternd zerspringen, wie fernes Gewehrfeuer, von Schreien zerrissen.

Und dann erreichte das Feuer den Hochwald, dessen Wipfel sich stöhnend bogen. Mit donnerndem Knall brandete es spritzend gegen die Stämme wie weiße Metallflut gegen dunkelstählerne Wände. Feuerwellen mit zuckenden Köpfen überschlugen sich jählings, und glühender Schaum sprühte hoch über die Gipfel hinaus, in Atome zerstiebend. Aber hoch über Wipfel und Schaum stiegen drei wirbelnde Säulen kerzengerade in den Himmel hinein, wie Windtrichter mit zuckenden Spitzen aufeinanderstehend. Drei Berge aus gedörrtem Gras und Fichtenzweigen lagen am Rande des Waldes. In einer einzigen Stichflamme schossen sie durch das berstende Dach, zerrissen hoch über dem Walde wie sausende Raketen und sanken langsam hernieder, in geballten Glutbündeln, mit wehenden Wurzeln, die nach Halt suchten, bis sie sich in die flimmernden Wipfel senkten, einzeln, zu mehreren, in glühenden Ballen, die Kronen umkrallend, ineinanderfließend, sich verschlingend, bis die Spalten der Tiefe sich öffneten, die ehernen Leiber versanken und das Wipfelfeuer wie ein tausendfacher, rasender Doppelgänger über das Feuer der Erde brüllend und dröhnend waldeinwärts brauste.

Der Wald war verloren. Unter der Schirmfichte am Grabe saß Henner, in wassertriefende Decken gehüllt, regungslos, mit steinernem Gesicht, wie aus Gräbern der Vorzeit emporgestiegen, und starrte mit schmerzenden Augen in den Tod des Waldes. Als die drei Feuertrichter über die Kronen stiegen und sich senkten, um den vorgeschriebenen Weg zu gehen, glitt ein leichenhaftes, grausames Lächeln um seine Lippen, und er schloß für eine Weile die halberblindeten Augen. Keine Menschenhand mehr konnte den Wald retten. Sie hatten ihn nicht getötet!

Der Vorhof des grünen Tempels war niedergebrochen zu rauchendem Gebälk. Schwarz, mit rauchenden Rissen, lag die Erde unter der wirbelnden Wolke. Tief und schwer legte der Gott der Abendröte sich über die glühende Pflugschar unter seinen Händen. Funkenstiebende Hufe schlugen die Feuerrosse in den stöhnenden Acker, und Scholle um Scholle brach das brennende Feld auf, stieg mit dröhnendem Brausen am weißen Eisen empor, wendete sich in leuchtender Welle und sank zurück, schwarz, brandig, rauchend, zischend wie Glut im Wasser. Hügelauf und hügelab stieß der Gott der Abendröte die Pflugschar durch den Wald.

Der Tempel des grünen Gottes brach nieder. Das Dach zerstob in fließendem Sternenregen; zerfressen sanken die Wände, ausgelöscht, verschluckt vom Feueratem; prasselnd sank das Gebälk. Und dahinter blieben, aufrecht und schaurig in gähnend wachsender Leere, die Stämme des Hochwaldes, lodernden Säulen gleich, aus glühender Erde steigend, wie Metallgestänge zwischen fließenden Erzplatten.

Schritt für Schritt enthüllte sich der Wald, wie ein gestorbener Körper unter dem Hauche der Verwesung. Langsam trat das Knochengebäude heraus, löste sich von Fleisch und Blut, bis nur das schwarze Gerippe blieb, wachsend und fortschreitend und gespenstisch im Dunkel verfließend.

Um die Mittagsstunde kam der Isegrim im Boot das Ufer entlang und stieg zum Grabe hinauf. Grauer Aschenregen fiel bei jedem Schritt aus seinen Kleidern, als umgebe sein graues Haar ihn, bis zur Erde gewachsen, wie ein Mantel und wehe leise im Winde. Glühende Hände waren versengend über sein Haupt gefahren, und wild und böse blickte sein Auge in den Tod des Waldes. Über dem Grabe des Franziskus kauerte er sich nieder. In die Decke gehüllt, sah er aus, als sei die Erde aufgebrochen, um ihn den Tod sehen zu lassen, und halte nur seine Füße in ihrem Schoße fest, um ihn hinabzuziehen und sich über ihm zu schließen, wenn es Zeit sei.

Henner sah ihn fragend an. „Er brennt, Hauptmann!“, sagte er heiser. „Soweit Bäume wachsen und Gras steht: Er brennt!“

Das graue Haus fiel zusammen wie eine einzige, glühende, sich überstürzende Welle und zerstob in tausend tanzenden Sternen. Starre Arme hoben sich brennend aus der Tiefe und schlossen sich langsam im

Todeskampf, Glied auf Glied vertropfend in der lodernden Tiefe. Wie Sargfackeln standen die beiden Linden zu den Häupten der Leiche, in senkrechter, schmaler, hoher Flamme wie glühende Erzpappeln; bis die Hintere in halber Höhe zu zucken begann, zu schwanken, zu taumeln, bis die Säule auseinanderbrach und prasselnd in das Grab stürzte, mit dem dumpfen Knall platzender Raketen im Himmel zerstäubend.

Leise erbebte die Erde des Grabes. „Schlafe, Herr!“, sagte der Isegrim und stützte die Hände auf das Grab. „Das Haus stirbt!“

Die Sonne war nicht mehr zu sehen. Der Himmel erlosch, der Wald hinter dem See versank. Eine ungeheure Wolke des Todes hing über der Erde, mit roten Rändern beginnend, in fahles Weiß übergehend, durch das brennende Adern und ferne Blitze sprangen, und dann zu schwarzer Kuppel sich türmend. Durch die Kuppel aber brandeten Wirbel auf Wirbel. Blaugraue Ströme stiegen herauf, drehten sich kreisend und stiegen hinunter, kreuzten sich mit schwarzen Fluten, verschlangen sich und liefen in gefleckten Bändern auseinander. Düstere Strudel rissen sich tief und fressend ins Gewölbe, stiegen mahlend bis auf den Grund und schlossen sich langsam wieder über der flimmernden Tiefe. Ferne Lichter schlugen irr und tastend wie Wetterleuchten in die fahlen Wirbel. Mitunter erglühte das ganze Gewölbe in düsterem Rot, und geschmolzene Tropfen versanken in der Tiefe. Aber niemals klaffte ein Spalt durch die kreisende Kuppel. Strom wälzte sich über Strom, und hinter jeder Tiefe stand eine zweite Tiefe.

Unter der Kuppel aber lag ein fahles, rotgedämpftes Dämmerlicht über der Erde, gespenstisch und wild wie bei einer Sonnenfinsternis. Das Dach der Erde hatte sich gesenkt, die Wände traten zusammen, langsam aber unaufhaltsam, näher und näher, und über eine Weile mußten sie verschmelzen und zermalmen, was zwischen ihnen stand. Ein weißer Aschenregen fiel rieselnd ohne Aufhören zu Boden, von geheimnisvollen Strömen bewegt, mit den gleichen mahlenden Wirbeln, die oben durch das Gewölbe glitten.

Ferne, hinter glühenden Nebelschleiern, donnerte der Wald. Brüllend lag dort die Schlacht über der Erde, von zuckenden Mündungsfeuern zerrissen, von gellenden Scherzensschreien erfüllt. Flammentrichter spritzten aus der Nebelwand heraus, gelbleuchtendes Gewölk kroch schwer, mit rauschenden Gliedern, über den Boden, und Leuchtsignale schleuderten Stern auf Stern in Todesnot über das lodernde Feld.

Mit dröhnendem Brausen stieg Scholle auf Scholle an der glühenden Pflugschar empor, und leise bebte die Erde, wenn ferne, in jammervoller Nacht, ein Riese des Waldes in knirschendem, prasselndem Fall die brennende Glut zerschlug.

„Schlafe, Herr!“, sagte der Isegrim. „Der Wald stirbt!“

Stunde auf Stunde schmolz dahin. Mit weißem Erz war das Stundenglas gefüllt, und Tropfen auf Tropfen fiel aus dem glühenden Trichter. Die Nacht sank hernieder, eine andere Nacht, nicht der Erde angehörig oder der Welt, ein andrer Himmel, andere Sterne. Leise dröhnend drehte die Nabe im Schoß der Erde das Rad des Weltenbrandes. Glühende Speichen fegten durch den Raum, aus Nebel sich hebend, im Nebel versinkend, jagend und lautlos wie Flügel einer Mühle, die den Wald zermalmte, die Erde, das All.

Henner stand auf, das Haar versengt, die Haut zu Rissen zusammengezogen. Die Nadeln der Fichte rieselten zur Erde unter seiner Berührung, zerbröckelt von der Glut, wie Funken sprühte es über die Zweige. Er blickte umher, als habe er sich verloren und müsse sich suchen. Über dem See stand die Kuppel aus Rauch wie fließendes Abendrot, bis in das Wasser getaucht.

Die roten Flügel schlugen auseinander, und drei Boote, schwarz und riesig wie im Nebel, glitten langsam, gespenstisch heran wie Schatten über den Totenfluß.

„Isegrim!“, schrie Henner.

Ihre Finger zuckten um die glühenden Büchsenläufe. Leise und unheimlich lachte der Isegrim. Zwei Feuerstrahlen schossen über die Gräber, und hart neben den Bootswänden sprangen zwei Strahlen auf, wie Blut aus geschnittenen Adern.

„Über die Köpfe!“, schrie Henner.

Wie Peitschen schlug es über den See, und hart und splitternd schlug es drüben in den Wald, den man nicht sah. Angstschreie irrten über das Wasser, rote Kreise verzitterten vor der Nebelwand, Ruder blitzten auf, und dann stand wieder nur das Abendrot über der Flut. Glimmende Funken vom Mündungsfeuer fraßen sich unsichtbar in das Moos.

Henner beugte sich über die Gräber und füllte eine weiße Schale aus Lindenholz mit warmer Erde. Die Flügel der Mühle schlugen lautlos durch die Nacht. In der Ferne donnerte der sterbende Wald.

„Komm!“, sagte er heiser.

Der Isegrim schlug die Fäuste in sein graues Haar und taumelte.

„Hauptmann!“, schrie er wild und jammervoll. „Der Wald! Der Wald!“

„Komm!“

Sie taumelten das Ufer hinunter und stießen ab.

Henner saß am Steuer, aufgereckt und stolz wie zur Schlacht. Seine brennenden Augen starrten seeabwärts in die Ferne. Von roter Glut umflossen kauerte der Isegrim auf der Ruderbank, das fahle Gesicht dem Walde zugewendet.

Langsam glitt das Boot vor der sich verdüsternden Wand des Abendrots in die Nacht hinein. Unter den Rudern brannte das Wasser wie geschmolzenes Erz.

Des grünen Gottes Todeslied lag wie Orgelton über der Erde. Mit hohlem Sausen, vernehmbarer je weiter der Wald versank, schlugen die glühenden Speichen durch die Nacht, aus Nebel sich hebend, in Nebel versinkend, und zwischen kreisenden Erzplatten zermahlte der stöhnende Wald.

Wie ein Mastbaum vor schlagenden, brennenden Segeln, gewaltig, unerschüttert, himmelanragend, stand die Schirmfichte über den Gräbern. Unruhiger schlugen die Segel um ihren Fuß, Funken rissen sich aus den glimmenden Rändern, drohende Lichter zuckten an ihr hinauf, und mit einem Schlage, als breche die glühende Erde auf, schoß eine schmale, scharfe Flammensäule mit dumpfem Knall in das leuchtende Gewölbe empor, glitt im Sternenfall die Kuppel entlang und hinunter und stand, ein lebendiger Flammenstrom, die Nacht zerteilend, wie Gottes Feuersäule über der vergehenden Welt.

Aufrecht stand der Isegrim im Boote, das langsam hinter dem Uferbogen verschwand, den Arm nach dem Walde gereckt, von flackernder Lohe umspielt.

„Die Fahne, Hauptmann!", schrie er jauchzend und wild. „Die Fahne! ... Die Fahne ...!"

ENDE

Hermann Sudermann

Der Katzensteg

Roman

ISBN 3-938176-00-8

gebunden, Hardcover, 265 Seiten

16,80 Euro

Preußen steht im Krieg mit den Truppen Napoleons, der Deutschland besetzt hält. Das deutsche Volk ist gespalten in Anhänger Bonapartes und erbitterte Gegner der Franzosen. Auch der junge Baron Boleslav von Schranden verläßt voller Zorn das Haus seines bonapartistisch gesinnten Vaters. Sein Vater zwingt indes seine Dienstmagd Regine, französische Soldaten heimlich über den Katzensteg zu führen, damit sie einer Gruppe dpreußischer Soldaten in den Rücken fallen können. Mit dieser Tat macht sich der alte Schranden alle Bewohner der Umgebung zu Feinden.

Hans Hellmut Kirst

Deutschland, deine Ostpreußen

Ein Buch voller Vorurteile

ISBN 978-3-938176-11-5

Paperback, 155 Seiten

16,80 Euro

Das Buch »Deutschland deine Ostpreußen« ist eine wunderbare Liebeserklärung an das »Land der dunklen Wälder und kristall'nen Seen« mit seinen Menschen und seiner einzigartigen Kultur. Dem Erzählkünstler Kirst ist ein ebenso unterhaltsames wie geistreiches Erinnerungswerk gelungen.